발명특허출원 : 10-2003-0063714
상표등록출원 : 40-2005-0009478
저작권등록 : 제C-2003-002937호

국어 논술 능력을 길러주는

김영준 漢字교실
(汉字)

한국어문회 주관 한자능력검정시험 대비

5급

500자

이 책의 특징

이 교재는 한글만 알면 누구나 배울 수 있는 한자 교재로 본문을 시를 낭송하듯이 소리내어 반복적으로 읽음으로써 ①**한자의 훈 음** ②**독음** ③**한자어의 뜻**을 터득할 수 있도록 구성하였으며, 특히 우리가 쓰는 **漢字**와 중국에서 쓰는 **간체자**를 한눈에 대조시켜 **漢字**와 **더불어 간체자도 쉽게 습득할 수 있도록** 하였다. 또한 **금강산, 오빠생각, 반달, 섬집아기** 등의 동요 가락에 맞추어 즐겁게 노래하는 가운데 한자를 익히도록 하였다.

이 책의 구성

(예) 7급 제 1 장	家	**집가**에 **일사**는 家 事 이고요	(본문 첫째 줄)
		집안과 **문중**은 家 門 입니다. 가 문	(본문 둘째 줄)

1. 본문 첫째줄은 한자의 훈 음을 적어놓아 한글만 알면 유아부터 성인에 이르기까지 한자를 쉽게 습득할 수 있도록 하였으며

2. 본문 둘째줄은 이미 익힌 한자로 만들어진 한자어의 뜻을 설명하여 복습과 더불어 우리 국어의 정확한 뜻을 깨치도록 하였다.

이 책의 학습방법

1. 「기초 한자(部首)훈음과 필순표」을 보고 기초 한자의 필순을 완전히 익힌 다음
2. 급수별 「본문학습방법」과 「점검 읽는 요령」을 참고하여 학습한다.
3. 급수별 「배정한자」를 책을 보지 않고도 쓸 수 있도록 학습한다.

한자능력시험 대비 학습요령

1. 본문에 나온 한자어를 받아쓰기 형식으로 〈보기〉와 같이 학습한다.

① 한자노트를 이용하여 한자어의 훈(뜻)음을 쓴다. ② 한자어를 쓴다.

〈보기1〉

집㉮	일㉶	집㉮	문(문)

〈보기2〉

家	事	家	門
집㉮	일㉶	집㉮	문(문)

※ 본문 제1장부터 마지막장까지 책을 보지 않고 쓸 수 있도록 학습한다.

2. 기출 · 예상문제집으로 학습한다.

※ 답안지를 100여 장 이상 복사해 놓고 만점이 나올 때까지 학습한다.

一讀三貫 (일독삼관) 학습법

　최근 중국이 경제대국으로 급부상 하면서 한자(漢字)와 중국어를 배우는 사람들이 크게 늘고, 그 중요성도 강조되고 있다.

　한자를 알면 사고력과 어휘력이 신장되고 국어의 정확한 뜻을 알게 되어「국어 논술교육」에 실질적인 도움이 된다. 또한 한자(漢字)와 간체자를 알게 되면「중국어」를 배우는 데 결정적인 도움을 준다.

　이 교재는 이러한 점에 주안점(主眼點)을 두고 보다 현실적이고 실용적인 학습서가 되도록 종래의 쓰기위주의 학습방법을 바꾸어 어휘의 뜻을 소리내어 읽음으로써「국어 논술 교육」에 실질적인 도움이 되도록 하였으며, 한자(漢字)와 간체자를 한 눈에 대조시켜「중국어」를 습득하는데 결정적인 도움이 되도록 하였다.

　필자는 1992년 한자 교육에 뜻을 세우고 어떻게 하면 쉽고 재미있게 한자를 가르칠 수 있을까, 연구를 거듭한 끝에 一讀三貫학습법(발명특허출원 : 10-2003-0063714)을 창안하기에 이르렀다.

　一讀三貫이란「한 번 읽어서 ① 한자의 훈음 ② 독음 ③ 한자어의 뜻 세 가지를 꿰뚫는다」는 뜻의 성어(成語)이다.

　이 책은 **한글만 알면 혼자서도** 쉽게 배울 수 있는 한자교재로 본문을 시를 낭송하듯이 낭송하거나 동요가락에 맞추어 흥겹게 노래하는 가운데 ① 한자의 훈음 ② 독음 ③ 한자어의 뜻 모두를 익힐 수 있도록 내용과 편집체제에 각별한 정성과 심혈(心血)을 기울여 만든 교재다.

　출판에 앞서 초등학생을 대상으로 한 '어린이 한자서당' 등에서 본 교재와 동일한 내용의 교재를 활용하여 큰 성과를 거두어「성남시 주관 2002 주민자치센터운영 우수사례」발표 등으로 선정된 바, 그 실효성을 검증받은 교재다.

　이 책이 유치원·초·중·고·대학생의 漢字교육에 기여하는 교재가 되어 주기를 기대하며 一讀三貫 학습법이라 이름하여 머리말에 대신한다.

2005년 6월

남재(南齋) 김영준(金泳俊)

저자 약력

· 남원서당(魯天齋)에서 南軒 吳奎烈 선생님으로부터 漢文修學
· 고려대학교 교육대학원 사회교육CEO최고위 과정 재학중
· 한국어문회 한자능력검정 1급 취득
· 한국어문회 평생회원
· 성남 시립청소년수련관 강사
· 성남시 중원구 하대원동 문화의 집 강사
· 성남시 수정구 단대동 문화의집 강사
· 성남시 분당구 야탑2동 주민자치센터 강사
· 성남시장 표창장(문화의 집 활성화 기여)
· 성남시 수정구 주관 문화의 집 우수사례 발표
· 성남시 주관 2002 주민자치센터 운영 우수사례 발표
· 아름방송(ABN)강의
· 도시철도공사 취미교실 강사
· 성남시 수정구 노인대학 강사
· 통일부 하나원 강사(현)
· 성남문화원 강사(현)
· 도서출판 漢字문화 대표(현)

저 서

· 김영준 漢字교실 (8급~7급 150자)
· 김영준 漢字교실 (6급 300자)
· 김영준 漢字교실 (5급 500자)
· 김영준 漢字교실 (4급 Ⅱ 750자)
· 김영준 漢字교실 (4급 1,000자)
· 김영준 漢字교실 (3급 Ⅱ 1,500자)
· 김영준 漢字교실 (3급 1,817자)
· 김영준 漢字교실 (2급 2,355자)

◆ 강의 · 교재에 대한 문의전화 : 031-733-2255, 011-9266-7830

목 차

간체자만 알면 중국어는 쉽다

　요즘 중국어 공부에 남다른 관심과 열의를 갖고 있는 사람들이 늘고 있다. 그러나 막상 중국어를 익히려면 우리가 쓰는 한자와 중국에서 쓰는 한자가 달라 어려움을 겪게 된다. 중국어를 공부하려면 먼저 중국에서 쓰는 간체자를 익혀야 되는데 시중에는 상용한자에 따른 간체자 교재가 없는 실정이어서 많은 사람들이 어려움을 겪고 있다.

　이 책은 한국어문회가 주관, 시행하고 있는 「한자능력검정시험」의 급수한자에 중국의 간체자를 대조시켜 어렵지 않게 중국의 간체자도 익힐 수 있도록 만든 교재다.

　중국어는 한자와 간체자만 알면 쉽게 배울 수 있는 언어이다.

　처음에 발음이 어려워 익히기가 어려운데 이러한 관문만 통과하면 다른 외국어보다는 훨씬 쉽고 빠르게 배울 수 있다.

　이 책으로 공부한 많은 독자들이 호기심이 유발(誘發)되어 중국어까지 익힐 수 있는 계기(契機)가 되기를 바란다.

■ 한국어문회 한자능력검정시험안내

　전　화 : 1566-1400

　인터넷접수 : http://www.hangum.re.kr

김영준 漢字 교실
(汉字)

기초漢字(部首)
훈(뜻)음과 필순표

● 한자노트를 이용하여 ① 본 교재의 필순표를 보고 〈보기〉와 같이 기초 漢字를 쓴 다음
② 기초漢字의 훈(뜻)음을 쓴다.

〈보기〉

丶	丷	䒑	半	米	米			
					쌀 미			
l	冂	冃	月	目	貝	見		
						볼 견		

※ 일러두기

아래의 기초漢字(部首) 훈(뜻)음 등은 속칭(俗稱)이나 가차(假借)된 명칭
을 적지 않고 본래의 훈음으로 표기하였으며 어려운 한자어로 된 훈음은
쉬운말로 고쳐 한자의 이해에 도움이 되게 하였다.

- 八(나눌 팔) - 分(나눌 분) 半(반 반) 公(공평할 공)
- 冖(덮을 멱) - 冠(갓 관) 冥(어두울 명) 冢(무덤 총)
- 冫(얼음 빙) - 冬(겨울 동) 冷(찰 랭) 凍(얼 동)
- 又(손 우)-受(받을 수) 授(줄 수) 取(가질 취)
- 几(걸상궤) - 机(책상 궤) 處(곳 처)
- 宀(집 면) - 家(집 가) 室(집 실) 宅(집 택)
- 豸(사나운짐승 치) - 豺(승냥이 시) 豹(표범 표) 貂(담비 초)
- 酉(술 유) - 酒(술 유) 醉(취할 취) 醜(추할 추)
- 自(코 자) - 臭(냄새 취) 息(숨쉴 식) 鼻(코 비)
- 隶 (미칠 체) - 逮(잡을 체) 棣(산앵도나무 체) 隷(종 례)
- 鬲(오지병 격) - 隔(사이뜰 격) 膈(흉격 격)

기초 漢字(部首) 훈음과 필순표

기초 漢字(部首)는 모든 漢字의 기본글자이므로 본 漢字의 필순을 잘 익히면 이를 응용하여 어떠한 漢字도 자신있게 쓸 수 있게 된다.

■ 1획

一 한 일	一		
丨 뚫을 곤	丨		
丶 점 주	丶		
丿 삐칠 별	丿		
乙 새 을	乙		
亅 갈고리 궐	亅		

■ 2획

二 두 이	一	二	
亠 머리부분 두	丶	亠	
人 사람 인	丿	人	
亻 사람인 변	丿	亻	
儿 어진사람 인	丿	儿	
入 들 입	丿	入	
八 나눌 팔	丿	八	
冂 멀 경	丨	冂	
冖 덮을 멱	丶	冖	
冫 얼음 빙	丶	冫	
几 걸상 궤	丿	几	
凵 입벌릴 감	凵	凵	
刀 칼 도	フ	刀	
刂 칼도 방	丨	刂	
力 힘 력	フ	力	

勹 감쌀 포	丿	勹	
匕 숟가락 비	丿	匕	
匚 상자 방	一	匚	
匸 감출 혜	一	匸	
十 열 십	一	十	
卜 점 복	丨	卜	
卩 병부 절	フ	卩	
㔾 병부 절	フ	㔾	
厂 언덕 한	一	厂	
厶 사사 사	厶	厶	
又 손 우	フ	又	

■ 3획

口 입 구	丨	冂	口
囗 에워쌀 위	丨	冂	囗
土 흙 토	一	十	土
士 선비 사	一	十	士
夂 뒤져올 치	丿	ク	夂
夊 천천히 걸을 쇠	丿	ク	夊
夕 저녁 석	丿	ク	夕
大 큰 대	一	ナ	大
女 계집 녀	乀	女	女
子 아들 자	乛	了	子
宀 집 면	丶	丷	宀

寸 마디 촌	一	寸	寸
小 작을 소	亅	小	小
尢 절름발이 왕	一	ナ	尢
尸 누울 시	乛	コ	尸
屮 싹날 철	凵	屮	屮
山 메 산	丨	山	山
巛 내 천	〈	巛	巛
工 장인 공	一	丁	工
己 몸 기	乛	コ	己
巾 수건 건	丨	冂	巾
干 방패 간	一	二	干
幺 작을 요	〈	幺	幺
广 집 엄	丶	一	广
廴 연이어 걸을 인	乛	乥	廴
廾 두손 공	一	ナ	廾
弋 주살 익	一	弌	弋
弓 활 궁	乛	弓	弓
彐 돼지머리 계	乛	彐	彐
彑 돼지머리 계	乛	彑	彐
互 돼지머리 계	乚	互	互
彡 무늬 삼	丿	彡	彡
彳 걸을 척	丿	彳	彳

心 마음 심	丶	心	心	心
忄 마음 심변	丶	忄	忄	
㣺 마음 심발	丨	忄	忄	忄
戈 창 과	一	弋	戈	戈
戶 지게문 호	一	弓	弖	戶
手 손 수	一	二	三	手
扌 손수변	一	扌	扌	
支 나눌 지	一	十	支	支
攴 칠 복	丨	卜	攴	攴
攵 칠 복	丿	攵	攵	攵
文 글월 문	丶	一	ナ	文
斗 말 두	丶	冫	㪷	斗
斤 도끼 근	一	厂	斤	斤
方 모 방	丶	一	㔾	方
无 없을 무	一	二	无	无
日 해 일	丨	冂	日	日
曰 말할 왈	丨	冂	日	曰
月 달 월	丿	月	月	月
木 나무 목	一	十	才	木
欠 하품 흠	丿	欠	欠	欠
止 그칠 지	丨	卜	止	止
歹 남은뼈 알	一	歹	歹	歹
殳 창 수	丿	殳	殳	殳
毋 말 무	乚	口	毋	毋
比 견줄 비	一	上	比	比
毛 터럭 모	一	二	三	毛

■ 5획

부수	뜻·음				
氏	성씨 씨	ノ	厂	氏	氏
气	기운 기	ノ	二	气	气
水	물 수	丿	가	水	水
氵	물수변	ヽ	ニ	氵	
火	불 화	ノ	ヽノ	少	火
灬	불화 발	ヽ	ハ	ハ	灬
爪	손톱 조	一	厂	厑	爪
爫	손톱 조 머리	一	ノ	厂	爫
父	아비 부	ノ	ハ	グ	父
爻	점괘 효	ノ	メ	爻	爻
爿	조각 장	丨	ㅓ	爿	爿
片	조각 편	ノ	ﾉ'	片	片
牙	어금니 아	一	二	乒	牙
牛	소 우	ノ	仁	仁	牛
牜	소우변	ノ	仁	牛	牛
犬	개 견	一	ナ	大	犬
犭	개견변	ノ	犭	犭	

부수	뜻·음					
玄	검을 현	'	二	ナ	玄	玄
玉	구슬 옥	一	丁	于	王	玉
瓜	외 과	一	厂	瓜	瓜	瓜
瓦	기와 와	一	丆	厄	瓦	瓦
甘	달 감	一	十	廿	廿	甘
生	날 생	ノ	ㅑ	牛	牛	生
用	쓸 용	ﾉ	刀	月	月	用
田	밭 전	丨	冂	吅	田	田
疋	발 소	ㄱ	下	下	疋	疋
疒	병들 녁	'	二	广	疒	疒
癶	어그러질 발	ㄱ	ㄱ	癶	癶	癶
白	흰 백	'	ﾉ'	白	白	白
皮	가죽 피	ノ	厂	广	皮	皮
皿	그릇 명	丨	冂	皿	皿	皿
目	눈 목	丨	冂	目	目	目
矛	창 모	ㄱ	マ	予	予	矛
矢	화살 시	ノ	仁	仁	矢	矢
石	돌 석	一	丆	不	石	石
示	보일 시	一	二	亍	示	示
礻	보일 시변	'	㇅	ネ	ネ	ネ
禸	짐승발자국 유	丨	冂	内	禸	禸
禾	벼 화	一	二	千	禾	禾
穴	구멍 혈	'	''	宀	宂	穴
立	설 립	'	二	立	立	立

■6획

竹	대 죽	ノ	╱	⺮	⺮	⺮	竹
米	쌀 미	丶	丷	丷	半	米	米
糸	실 사	乙	幺	幺	糸	糸	糸
缶	장군 부	ノ	广	仁	午	缶	缶
网	그물 망	丨	冂	冈	冈	网	网
罓	그물 망	丨	冂	冂	罓	罓	
皿	그물 망	丨	匚	罒	罒	罒	
羊	양 양	丶	丷	䒑	兰	兰	羊
羽	날개 우	刁	引	羽	羽	羽	羽
老	늙을 로	一	十	土	耂	老	老
而	말이을 이	一	丆	厂	丙	而	而
耒	쟁기 뢰	一	二	三	丰	耒	耒
耳	귀 이	一	丁	干	王	耳	耳
聿	붓 률	フ	⺕	⺕	聿	聿	聿
肉	고기 육	丨	冂	内	内	肉	肉
月	육달 월	ノ	刀	月	月		
臣	신하 신	一	丆	匝	匝	臣	臣
自	코 자	丿	亻	自	自	自	自
至	이를 지	一	云	互	조	至	至
臼	절구 구	丿	𠂆	𦥑	𦥑	臼	臼
舌	혀 설	一	二	千	千	舌	舌
舛	어그러질 천	丿	夕	夕	夘	舛	舛
舟	배 주	丶	丿	刀	舟	舟	舟
艮	괘이름 간	フ	⺕	⺕	艮	艮	艮
色	빛 색	丿	勹	刍	刍	名	色
艸	풀 초	丨	屮	屮	艸	艸	艸

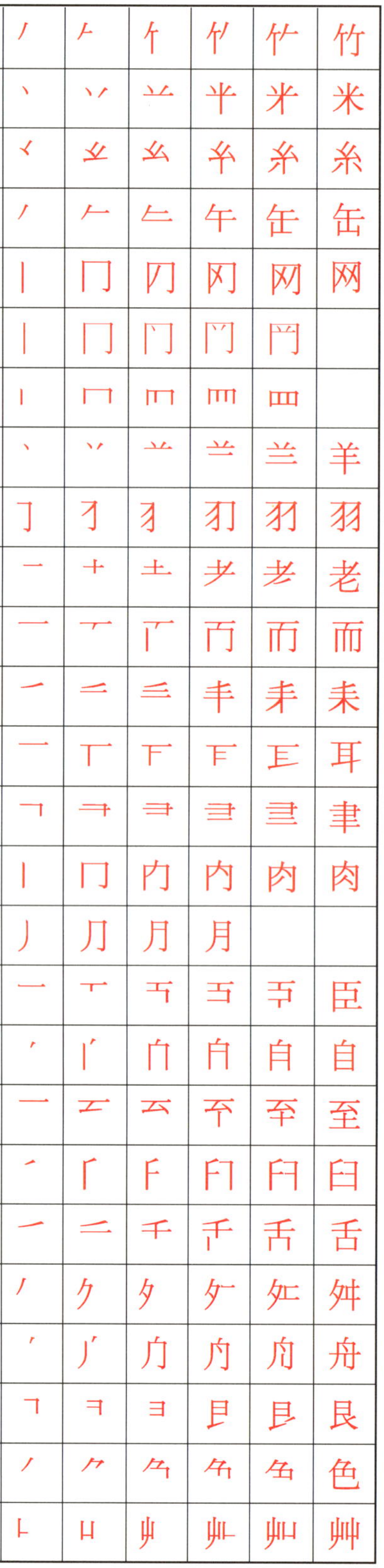

艹 풀 초머리	丨	十	十	艹		
虍 범무늬 호	丨	𠂆	𠂤	虍	虍	虍
虫 벌레 충	丨	冂	口	中	虫	虫
血 피 혈	丿	𠂉	冋	血	血	血
行 다닐 행	丿	彳	彳	行	行	行
衣 옷 의	丶	亠	𠂇	㐅	衣	衣
衤 옷의 변	丶	𠂊	衤	衤	衤	
襾 덮을 아	一	厂	冂	襾	襾	襾

■7획

見 볼 견	丨	冂	日	月	目	貝	見
角 뿔 각	丿	𠂊	𠂢	甬	角	角	角
言 말씀 언	一	二	三	言	言	言	言
谷 골 곡	丿	八	𠆢	𠆢	谷	谷	谷
豆 콩 두	一	丆	冃	豆	豆	豆	豆
豕 돼지 시	一	丆	丁	豕	豕	豕	豕
豸 사나운 짐승 치	丿	𠂆	豸	豸	豸	豸	豸
貝 조개 패	丨	冂	日	月	目	貝	貝
赤 붉을 적	一	十	土	赤	赤	赤	赤
走 달릴 주	一	十	土	走	走	走	走
足 발 족	丨	冂	口	甼	足	足	足
⻊ 발족변	丨	冂	口	甼	足	足	⻊
身 몸 신	丿	𠂉	勹	身	身	身	身
車 수레 차	一	丆	冂	車	車	車	車
辛 매울 신	丶	一	立	立	辛	辛	辛
辰 별 진	一	厂	厈	辰	辰	辰	辰
辵 갈 착	丿	𠂊	辵	辵	辵	辵	辵

■ 7획

辶 갈착받침	丶	丶	辶	辶			
邑 고을 읍	丨	冂	冂	므	吕	邑	
阝 고을읍방	乛	阝	阝				
酉 술 유	一	厂	冂	丙	西	酉	
釆 분별할 변	一	丷	乊	癶	乎	釆	
里 마을 리	丨	冂	日	日	甲	甲	里

■ 8획

金 쇠 금	丿	人	亼	仐	仐	余	金	金
長 긴 장	丨	厂	匚	镸	镸	長	長	長
門 문 문	丨	冂	冂	冂	門	門	門	門
阜 언덕 부	丶	户	户	户	自	自	阜	阜
阝 언덕부변	乛	阝	阝					
隶 미칠 체	乛	彐	彐	聿	聿	隶	隶	隶
隹 새 추	丿	亻	亻	广	什	什	隹	隹
雨 비 우	一	厂	冂	帀	雨	雨	雨	雨
靑 푸를 청	一	十	丰	圭	靑	靑	靑	靑
非 아닐 비	丿	刁	刋	爿	非	非	非	非

■ 9획

面 낯 면	一	厂	厂	面	面	面	面	面
革 가죽 혁	一	十	廿	廿	苩	苩	革	革
韋 다룸가죽 위	丶	丷	쑤	쑤	韋	韋	韋	韋
韭 부추 구	丨	十	扌	丰	非	非	非	韭
音 소리 음	丶	立	立	音	音	音	音	音
頁 머리 혈	一	厂	厂	頁	頁	頁	頁	頁
風 바람 풍	丿	几	凡	凡	凨	風	風	風

飛 날 비	㇟	飞	飞	飛	飛	飛	飛	飛	飛
食 밥 식	丿	人	人	今	今	今	食	食	食
首 머리 수	丶	丷	产	产	产	首	首	首	首
香 향기 향	一	二	千	禾	禾	禾	香	香	香

■ 10획

馬 말 마	丨	厂	厂	厈	馬	馬	馬	馬	馬
骨 뼈 골	丨	口	冎	冎	骨	骨	骨	骨	骨
高 높을 고	丶	亠	亠	古	古	高	高	高	高
髟 털늘어질 표	丨	厂	巨	巨	長	長	髟	髟	髟
鬥 싸움 투	丨	丨	𢨑	𢨑	鬥	鬥	鬥	鬥	鬥
鬯 기장술 창	丿	乂	㐅	㐅	㐅	㐅	鬯	鬯	鬯
鬲 오지병 격	一	冖	冖	冖	鬲	鬲	鬲	鬲	鬲
鬼 귀신 귀	丶	丿	冂	甶	甶	甶	鬼	鬼	鬼

■ 11획

魚 고기 어	丿	勹	勹	色	魚	魚	魚	魚	魚	魚
鳥 새 조	丶	厂	冂	户	户	鳥	鳥	鳥	鳥	鳥
鹵 소금밭 로	丶	丆	卜	卣	卤	鹵	鹵	鹵	鹵	鹵
鹿 사슴 록	丶	亠	广	庐	庐	庐	鹿	鹿	鹿	鹿
麥 보리 맥	一	十	𠂹	𠂹	夾	夾	夾	夾	麥	麥
麻 삼 마	丶	亠	广	庐	庁	庁	麻	麻	麻	麻

■ 12획

黃 누를 황	一	十	卄	卅	芇	苎	黃	黃	黃	黃
黍 기장 서	一	二	千	千	禾	禾	禾	黍	黍	黍
黹 바느질할 치	丷	丷	丷	丱	业	业	黹	黹	黹	黹
黑 검을 흑	丨	冂	冂	黑	黑	黑	黑	黑	黑	黑

■ 13획

黽 맹꽁이 맹												黽
鼎 솥 정												鼎
鼓 북 고												鼓
鼠 쥐 서												鼠

■ 14획

鼻 코 비												鼻
	鼻											
齊 가지런할 제												齊
	齊											

■ 15획

齒 이 치												齒
	齒	齒										

■ 16획

龍 용 룡												龍
	龍	龍	龍									
龜 거북 귀												龜
	龜	龜	龜									

■ 17획

龠 피리 약												龠
	龠	龠	龠	龠								
肅 엄숙할 숙												肅

김영준 漢字 교실

(汉字)

5급

섬집 아기

한인현 요
이흥렬 곡

엄마가섬그늘 에 — 굴 따러-가 면 —
더할가에들-입 은 — 加 入이-고 요 —
값가에격식격 은 — 價 格이-고 요 —
손객에집-실 은 — 客 室이-고 요 —

아기가혼자남 아 — 집 을보-다 가 —
속도 를더하는 것 — 加 速입-니 다 —
상품 의시장가 격 — 物 價입-니 다 —
손님 이앉는자 리 — 客 席입-니 다 —

바다가불러주 는 — 자 장노 래 에 —
옳을가에 결단할 결 — 可 決이 고 요 —
고칠개에 어질량 은 — 改 良이 고 요 —
지날과에 갈-거 는 — 過 去이 고 요 —

팔베고스르르 르 — 잠 이듭-니 다 —
가능하지않-음 은 — 不 可입-니 다 —
바르게고-침 은 — 改 正입-니 다 —
상품을사고파는 일 — 去 來입-니 다 —

5급 배정 漢字 350자 훈(뜻)음 표
(汉字)

※ 한자 노트를 이용하여 ①더할가~섬도까지 漢字의 훈음을 먼저 쓰고 ②책을 보지 않고도 漢字를 쓸 수 있도록 학습한다.

加	可	价價	改	客
더할 가	옳을 가	값 가	고칠 개	손 객
去	举擧	件	建	健
갈 거	들 거	물건 건	세울 건	굳셀 건
格	见見	决決	结結	景
격식 격	볼 견/뵈올 현	결단할 결	맺을 결	볕 경
敬敬	轻輕	竞競	固	考
공경 경	가벼울 경	다툴 경	굳을 고	생각할 고
告	曲	课課	过過	关關
고할 고	굽을 곡	과정 과	지날 과	관계할 관
观觀	广廣	桥橋	具	救
볼 관	넓을 광	다리 교	갖출 구	구원할 구
旧舊	局	贵貴	规規	给給
예 구	판 국	귀할 귀	법 규	줄 급
己	技	汽	基	期
몸 기	재주 기	물끓는김 기	터 기	기약할 기
吉	念	能	团團	坛壇
길할 길	생각 념	능할 능	둥글 단	단 단
谈談	当當	德	到	岛島
말씀 담	마땅 당	큰 덕	이를 도	섬 도

◇점검 5급 배정 漢字 350자 소리 내어 읽기
(汉字)

加	可	价	改	客
去	举	件	建	健
格	见	决	结	景
敬	轻	竞	固	考
告	曲	课	过	关
观	广	桥	具	救
旧	局	贵	规	给
己	技	汽	基	期
吉	念	能	团	坛
谈	当	德	到	岛

5급 배정 漢字 400자 훈(뜻)음 표
(汉字)

※ 한자 노트를 이용하여 ①도읍도~고울선까지 漢字의 훈음을 먼저 쓰고 ②책을 보지 않고도 漢字를 쓸 수 있도록 학습한다.

都 都	独 獨	落 落	朗 朗	冷
도읍 도	홀로 독	떨어질 락	밝을 랑	찰 랭
良	量	旅	历 歷	练 練
어질 량	헤아릴 량	나그네 려	지날 력	익힐 련
令	领 領	劳 勞	料	流
하여금 령	거느릴 령	일할 로	헤아릴 료	흐를 류
类 類	陆 陸	马 馬	末	亡
무리 류	뭍 륙	말 마	끝 말	망할 망
望	买 買	卖 賣	无 無	倍
바랄 망	살 매	팔 매	없을 무	곱 배
法	变 變	兵	福 福	奉
법 법	변할 변	병사 병	복 복	받들 봉
比	费 費	鼻	冰 氷	士
견줄 비	쓸 비	코 비	얼음 빙	선비 사
仕	史	思	查 查	写 寫
섬길 사	사기 사	생각 사	조사할 사	베낄 사
产 産	相	商	赏 賞	序
낳을 산	서로 상	장사 상	상줄 상	차례 서
仙	船	善	选 選	鲜 鮮
신선 선	배 선	착할 선	가릴 선	고울 선

◇ 점검 5급 배정 漢字 400자 소리 내어 읽기
(汉字)

都	独	落	朗	冷
良	量	旅	历	练
令	领	劳	料	流
类	陆	马	末	亡
望	买	卖	无	倍
法	变	兵	福	奉
比	费	鼻	冰	士
仕	史	思	查	写
产	相	商	赏	序
仙	船	善	选	鲜

5급 배정 漢字 450자 훈(뜻)음 표
(汉字)

※ 한자 노트를 이용하여 ①말씀설~과녁적까지 漢字의 훈음을 먼저 쓰고 ②책을 보지 않고도 漢字를 쓸 수 있도록 학습한다.

说 說	性	洗	岁 歲	束
말씀 설/달랠 세	성품 성	씻을 세	해 세	묶을 속
首	宿	顺 順	示	识 識
머리 수	잘 숙/별자리 수	순할 순	보일 시	알 식/기록할 지
臣	实 實	儿 兒	恶 惡	案
신하 신	열매 실	아이 아	악할 악/미워할 오	책상 안
约 約	养 養	鱼 魚	渔 漁	亿 億
맺을 약	기를 양	고기 어	고기잡을 어	억 억
热 熱	叶 葉	屋	完	要
더울 열	잎 엽	집 옥	완전할 완	요긴할 요
曜 曜	浴	牛	友	雨
빛날 요	목욕할 욕	소 우	벗 우	비 우
云 雲	雄	元	院	原
구름 운	수컷 웅	으뜸 원	집 원	언덕 원
愿 願	位	伟 偉	以	耳
원할 원	자리 위	클 위	써 이	귀 이
因	任	材	财 財	再
인할 인	맡길 임	재목 재	재물 재	두 재
灾 災	争 爭	贮 貯	赤	的
재앙 재	다툴 쟁	쌓을 저	붉을 적	과녁 적

5
급

◆점검 5급 배정 漢字 450자 소리 내어 읽기 (汉字)

说	性	洗	岁	束
首	宿	顺	示	识
臣	实	儿	恶	案
约	养	鱼	渔	亿
热	叶	屋	完	要
曜	浴	牛	友	雨
云	雄	元	院	原
愿	位	伟	以	耳
因	任	材	财	再
灾	争	贮	赤	的

5급 배정 漢字 500자 훈(뜻)음 표
(汉字)

※ 한자 노트를 이용하여 ①법전~검을흑까지 漢字의 훈음을 먼저 쓰고 ②책을 보지 않고도 漢字를 쓸 수 있도록 학습한다.

典	展	传 傳	切	节 節
법 전	펼 전	전할 전	끊을 절/온통 체	마디 절
店	停	情 情	调 調	操
가게 점	머무를 정	뜻 정	고를 조	잡을 조
卒	终 終	种 種	罪	州
마칠 졸	마칠 종	씨 종	허물 죄	고을 주
周 週	止	知	质 質	着
주일 주	그칠 지	알 지	바탕 질	붙을 착
参 參	唱	责 責	铁 鐵	初
참여할 참/석 삼	부를 창	꾸짖을 책	쇠 철	처음 초
最	祝 祝	充	致	则 則
가장 최	빌 축	채울 충	이를 치	법칙 칙/곧 즉
他	打	卓	炭	宅
다를 타	칠 타	높을 탁	숯 탄	집 택/집 댁
板	败 敗	品	必	笔 筆
널 판	패할 패	물건 품	반드시 필	붓 필
河	寒 寒	害	许 許	湖
물 하	찰 한	해할 해	허락 허	호수 호
化	患	效	凶	黑
될 화	근심 환	본받을 효	흉할 흉	검을 흑

◆ 점검 5급 배정 漢字 500자 소리 내어 읽기
(汉字)

典	展	传	切	节
店	停	情	调	操
卒	终	种	罪	州
周	止	知	质	着
参	唱	责	铁	初
最	祝	充	致	则
他	打	卓	炭	宅
板	败	品	必	笔
河	寒	害	许	湖
化	患	效	凶	黑

◆ **본문 학습 방법**

1. 먼저 「훈음쓰기」와 「漢字쓰기」를 한 다음
2. 아래와 같이 ①반드시 훈(뜻)음을 먼저 읽고
                  ② 독음을 소리내어 읽는다.
3. 한자노트를 이용하여 본문에 나온 한자어를 훈음과 함께 한 번 이상 쓴다.
4. 동요가락에 맞추어 노래한다.

1. 加 더할 가에 들 입은 加入이고요
        더할가·들입 가입 이고요

    속도를 더하는 것 加速(加速)입니다.
        더할가·빠를속 가속 입니다

    可 옳을 가에 **결단할 결**은 可決이고요
        옳을가·결단할결 가결 이고요

    가능하지 않음은 不可입니다.
        아닐불·옳을가 불가 입니다

2. 價 값 가에 **격식 격**은 價格(价格)이고요
        값가·격식격 가격 이고요

    상품의 시장가격 物價(物价)입니다.
        물건물·값가 물가 입니다

    改 고칠 개에 **어질 량**은 改良이고요
        고칠개·어질량 개량 이고요

    바르게 고침은 改正입니다.
        고칠개·바를정 개정 입니다

3. 客 손 객에 **집 실**은 客室이고요
        손객·집실 객실 이고요

    손님이 앉는 자리 客席입니다.
        손객·자리석 객석 입니다

    去 지날 과에 갈 거는 過去(过去)이고요
        지날과·갈거 과거 이고요

    상품을 사고 파는 일 去來(去来)입니다.
        갈거·올래 거래 입니다

<table>
<tr><td>5
급</td></tr>
</table>

◈ 점검 읽는 요령

> 1. 본문학습방법과 같이 ①반드시 훈(뜻)음을 먼저 읽고
>   ②독음을 소리내어 읽는다.
> 2. 아래와 같이 시를 낭송하듯이 소리 내어 읽는다.
> 3. 점검 「배정한자 소리내어 읽기」를 한다.

1. 加 加에 入은 加入이고요
   더할가 들입   가입
   속도를 더하는 것 加速입니다.
                가 속

   可 可에 決은 可決이고요
   옳을가 결단할결 가결
   가능하지 않음은 不可입니다.
                불 가

2. 價 價에 格은 价格이고요
   값가   격식격   가격
   상품의 시장가격 物价입니다.
                물 가

   改 改에 良은 改良이고요
   고칠개 어질량   개량
   바르게 고침은 改正입니다.
                개 정

3. 客 客에 室은 客室이고요
   손객   집실   객실
   손님이 앉는 자리 客席입니다.
                객 석

   去 過에 去는 过去이고요
   지날과 갈거   과거
   상품을 사고 파는 일 去来입니다.
                거 래

5급 제1장

1. **加** 더할 **가**에 들 **입**은 **加入**이고요
   속도를 더하는 것 **加速**(加速)입니다.
   가 속

   可 옳을 **가**에 **결단할 결**은 **可決**이고요
   가능하지 않음은 **不可**입니다.
   불 가

2. **價** 값 **가**에 **격식 격**은 **價格**(价格)이고요
   상품의 시장가격 **物價**(物价)입니다.
   물 가

   改 고칠 **개**에 **어질 량**은 **改良**이고요
   바르게 고침은 **改正**입니다.
   개 정

3. **客** 손 **객**에 **집 실**은 **客室**이고요
   손님이 앉는 자리 **客席**입니다.
   객 석

   去 지날 **과**에 갈 **거**는 **過去**(过去)이고요
   상품을 사고 파는 일 **去來**(去来)입니다.
   거 래

1. **加**　加에 入은 加入이고요
　　속도를 더하는 것 加速입니다.

　可　可에 決은 可決이고요
　　가능하지 않음은 不可입니다.

2. **價**　價에 格은 价格이고요
　　상품의 시장가격 物价입니다.

　改　改에 良은 改良이고요
　　바르게 고침은 改正입니다.

3. **客**　客에 室은 客室이고요
　　손님이 앉는 자리 客席입니다.

　去　過에 去는 过去이고요
　　상품을 사고 파는 일 去来입니다.

5급 제 2 장

1. **擧** 들 거에 손 수는 **擧手**(举手)이고요
   행사를 치르는 것 **擧行**(举行)입니다.
   거 행

   件 책상 안에 물건 건은 **案件**이고요
   주목을 받을만한 뜻밖의 일 **事件**입니다.
   사 건

2. **建** 세울 건에 물건 물은 **建物**이고요
   나라를 세우는 것 **建國**(建国)입니다.
   건 국

   健 굳셀 건에 열매 실은 **健實**(健实)이고요
   튼튼하고 온전함 **健全**입니다.
   건 전

3. **格** 법 규에 격식 격은 **規格**(规格)이고요
   교훈이 될만한 짧은 말 **格言**입니다.
   격 언

   見 볼 견에 들을 문은 **見聞**(见闻)이고요
   눈으로 보고 배움 **見學**(见学)입니다.
   견 학

5급 제 2 장

1. 舉　舉에 手는 舉手이고요
　　　행사를 치르는 것 舉行입니다.

　　件　案에 件은 案件이고요
　　　주목을 받을만한 뜻밖의 일 事件입니다.

2. 建　建에 物은 建物이고요
　　　나라를 세우는 것 建国입니다.

　　健　健에 實은 健実이고요
　　　튼튼하고 온전함 健全입니다.

3. 格　規에 格은 規格이고요
　　　교훈이 될만한 짧은 말 格言입니다.

　　見　見에 聞은 見聞이고요
　　　눈으로 보고 배움 見学입니다.

5급 제3장

1. 決   **결단할 결**에 **정할 정**은 決定(决定)이고요
   마음을 결정함 決心(决心)입니다.
   결 심

   結   **맺을 결**에 **열매 실**은 結實(结实)이고요
   합쳐서 하나됨 結合(结合)입니다.
   결 합

2. 景   **볕 경**에 **이를 치**는 景致이고요
   눈 내리는 경치는 雪景입니다.
   설 경

   敬   **공경 경**에 **늙을 로**는 敬老이고요
   존경하여 높임말 敬語(敬语)입니다.
   경 어

3. 輕   **가벼울 경**에 **헤아릴 량**은 輕量(轻量)이고요
   가벼움과 무거움은 輕重(轻重)입니다.
   경 중

   競   **다툴 경**에 **다툴 쟁**은 競爭(竞争)이고요
   서로 맞서 겨룸은 競合(竞合)입니다.
   경 합

5급 제3장

1. **決** 決에 定은 *決定*이고요
   마음을 결정함 *決心*입니다.

   結 結에 實은 *结实*이고요
   합쳐서 하나됨 *结合*입니다.

2. **景** 景에 致는 *景致*이고요
   눈 내리는 경치는 *雪景*입니다.

   敬 敬에 老는 *敬老*이고요
   존경하여 높임말 *敬语*입니다.

3. **輕** 輕에 量은 *轻量*이고요
   가벼움과 무거움은 *轻重*입니다.

   競 競에 爭은 *竞争*이고요
   서로 맞서 겨룸은 *竞合*입니다.

5급 제 4 장

1. **固** 굳을 고에 몸 체는 **固體**(固体)이고요
   본디 지니고 있는 것 **固有**입니다.
   고 유

   考 생각할 고에 **책상 안**은 **考案**이고요
   생각하고 궁리함 **思考**입니다.
   사 고

2. **告** 고할 고에 **필 발**은 **告發**(告发)이고요
   숨김없이 털어놓음 **告白**입니다.
   고 백

   曲 굽을 곡에 줄 선은 **曲線**(曲线)이고요
   굽음과 곧음은 **曲直**(曲直)입니다.
   곡 직

3. **課** 과정 과에 **바깥 외**는 **課外**(课外)이고요
   마땅히 해야 할 일 **課業**(课业)입니다.
   과 업

   過 지날 과에 **일할 로**는 **過勞**(过劳)이고요
   잘못이나 허물은 **過失**(过失)입니다.
   과 실

1. 固　固에 體는 固体이고요
　　본디 지니고 있는 것 固有입니다.

　　考　考에 案은 考案이고요
　　생각하고 궁리함 思考입니다.

2. 告　告에 發은 告发이고요
　　숨김없이 털어놓음 告白입니다.

　　曲　曲에 線은 曲线이고요
　　굽음과 곧음은 曲直입니다.

3. 課　課에 外는 课外이고요
　　마땅히 해야 할 일 课业입니다.

　　過　過에 勞는 过劳이고요
　　잘못이나 허물은 过失입니다.

5급 제5장

1. **關** 관계할 관에 **마음 심**은 關心(关心)이고요

    통과해야 하는 대목 關門(关门)입니다.
    관 문

    觀 볼 관에 **빛 광**은 觀光(观光)이고요

    공연 따위를 구경하는 사람 觀客(观客)입니다.
    관 객

2. **廣** 넓을 광에 **들 야**는 廣野(广野)이고요

    건물 없이 너른 마당 廣場(广场)입니다.
    광 장

    橋 뭍 륙에 **다리 교**는 *陸橋(陆桥)이고요

    돌로 만든 돌다리 石橋(石桥)입니다.
    석 교

3. **具** 갖출 구에 **몸 체**는 具體(具体)이고요

    집안 살림에 쓰이는 기구 家具입니다.
    가 구

    救 구원할 구에 **나라 국**은 救國(救国)이고요

    사람의 목숨 구함 救命입니다.
    구 명

바르게 읽기 : *陸橋 - 육교

5급 제 5 장

1. 關　關에 心은 关心이고요

　　통과해야 하는 대목 关门입니다.

　　觀　觀에 光은 观光이고요

　　공연 따위를 구경하는 사람 观客입니다.

2. 廣　廣에 野는 广野이고요

　　건물 없이 너른 마당 广场입니다.

　　橋　陸에 橋는 *陆桥이고요

　　돌로 만든 돌다리 石桥입니다.

3. 具　具에 體는 具体이고요

　　집안 살림에 쓰이는 기구 家具입니다.

　　救　救에 國은 救国이고요

　　사람의 목숨 구함 救命입니다.

바르게 읽기 : *陸橋 - 육교

5급 제6장

1. **舊** 예 구에 집 옥은 舊屋(旧屋)이고요
   옛날에 살던 집 舊家(旧家)입니다.
   구 가

   局 약 약에 판 국은 藥局(药局)이고요
   한정된 일정한 지역 局地입니다.
   국 지

2. **貴** 물건 품에 귀할 귀는 品貴(品贵)이고요
   신분이나 지위가 고귀한 사람 貴人(贵人)입니다.
   귀 인

   規 법 규에 법칙 칙은 規則(规则)이고요
   규칙을 정하는 것 規定(规定)입니다.
   규 정

3. **給** 줄 급에 헤아릴 료는 給料(给料)이고요
   물을 공급함 給水(给水)입니다.
   급 수

   己 스스로 자에 몸 기는 自己이고요
   자기 이익만 꾀하는 일 *利己입니다.
   이 기

바르게 읽기 : *利己 : 이기

5급 제 6 장

1. **舊** 舊에 屋은 旧屋이고요
   옛날에 살던 집 旧家입니다.

   局 藥에 局은 药局이고요
   한정된 일정한 지역 局地입니다.

2. **貴** 品에 貴는 品貴이고요
   신분이나 지위가 고귀한 사람 貴人입니다.

   規 規에 則은 规则이고요
   규칙을 정하는 것 規定입니다.

3. **給** 給에 料는 给料이고요
   물을 공급함 给水입니다.

   己 自에 己는 自己이고요
   자기 이익만 꾀하는 일 *利己입니다.

바르게 읽기 : *利己 : 이기

5급 제 7 장

1. 技 재주 기에 재주 술은 **技術**(技术)이고요
    특별한 재주는 **特技**입니다.
    　　　　　　　　특 기

   汽 물끓는김 기에 배 선은 **汽船**이고요
    궤도 위로 달리는 증기기관차 **汽車**(汽车)입니다.
    　　　　　　　　　　　　　　기 차

2. 基 터 기에 근본 본은 **基本**이고요
    활동의 근거지 **基地**입니다.
    　　　　　　　　기 지

   期 기약할 기에 맺을 약은 **期約**(期约)이고요
    어느 때로 기약하여 성취를 바람 **期待**입니다.
    　　　　　　　　　　　　　　　　기 대

3. 吉 길할 길에 흉할 흉은 **吉凶**이고요
    매우 길함은 **大吉**입니다.
    　　　　　　대 길

   念 생각 념에 원할 원은 **念願**(念愿)이고요
    굳게 믿는 마음은 **信念**입니다.
    　　　　　　　　　　신 념

1.　技　技에 術은 技术이고요
　　　　특별한 재주는 特技입니다.

　　汽　汽에 船은 汽船이고요
　　　　궤도 위로 달리는 증기기관차 汽车입니다.

2.　基　基에 本은 基本이고요
　　　　활동의 근거지 基地입니다.

　　期　期에 約은 期约이고요
　　　　어느 때로 기약하여 성취를 바람 期待입니다.

3.　吉　吉에 凶은 吉凶이고요
　　　　매우 길함은 大吉입니다.

　　念　念에 願은 念愿이고요
　　　　굳게 믿는 마음은 信念입니다.

5급 제 8 장

1. **能** 능할 능에 **힘 력**은 **能力**이고요
   사물에 통달함 **能通**(能通)입니다.
   능 통

   團 둥글 단에 **묶을 속**은 **團束**(団束)이고요
   많은 사람이 한데 뭉침 **團結**(団结)입니다.
   단 결

2. **壇** 단 단에 **윗 상**은 **壇上**(坛上)이고요
   문인들의 사회 **文壇**(文坛)입니다.
   문 단

   談 서로 상에 **말씀 담**은 **相談**(相谈)이고요
   서로 이야기를 주고 받음 **談話**(谈话)입니다.
   담 화

3. **當** 마땅 당에 **차례 번**은 **當番**(当番)이고요
   어떤 일을 담당한 곳 **當局**(当局)입니다.
   당 국

   德 큰 덕에 **나눌 분**은 **德分**이고요
   잘되기를 비는 말 **德談**(德谈)입니다.
   덕 담

1. **能**　能에 力은 能力이고요
　　사물에 통달함 能通입니다.

　團　團에 束은 团束이고요
　　많은 사람이 한데 뭉침 团结입니다.

2. **壇**　壇에 上은 坛上이고요
　　문인들의 사회 文坛입니다.

　談　相에 談은 相谈이고요
　　서로 이야기를 주고 받음 谈话입니다.

3. **當**　當에 番은 当番이고요
　　어떤 일을 담당한 곳 当局입니다.

　德　德에 分은 德分이고요
　　잘되기를 비는 말 德谈입니다.

5급 제9장

1. **到** 이를 도에 붙을 착은 **到着**이고요
   때가 닥쳐옴 **到來**(**到来**)입니다.
   도 래

   島 홀로 독에 섬 도는 **獨島**(**独島**)이고요
   3면이 바다인 큰 육지 **半島**(**半島**)입니다.
   반 도

2. **都** 도읍 도에 저자 시는 **都市**(**都市**)이고요
   도시의 중심부 **都心**(**都心**)입니다.
   도 심

   獨 홀로 독에 착할 선은 **獨善**(**独善**)이고요
   나라의 독립을 위하여 싸우는 군대
   獨立軍(**独立军**)입니다.
   독 립 군

3. **落** 떨어질 락에 잎 엽은 *落葉(落叶)이고요
   꽃잎이 떨어지는 것 *落花입니다.
   낙 화

   朗 밝을 명에 밝을 랑은 **明朗**(**明朗**)이고요
   소리 내어 읽음은 *朗讀(朗读)입니다.
   낭 독

바르게 읽기 : *落葉 - 낙엽   *落花 - 낙화   *朗讀 - 낭독

5급 제 9 장

1. **到** 到에 着은 到着이고요
   때가 닥쳐옴 到来 입니다.

   島 獨에 島는 独島이고요
   3면이 바다인 큰 육지 半島 입니다.

2. **都** 都에 市는 都市이고요
   도시의 중심부 都心 입니다.

   獨 獨에 善은 独善이고요
   나라의 독립을 위하여 싸우는 군대
   独立军 입니다.

3. **落** 落에 葉은 *落叶이고요
   꽃잎이 떨어지는 것 *落花 입니다.

   朗 明에 朗은 明朗이고요
   소리 내어 읽음은 *朗读 입니다.

바르게 읽기 : *落葉 - 낙엽   *落花 - 낙화   *朗讀 - 낭독

5급 제 10 장

1. **冷** **찰 령**에 **물 수**는 *<u>冷水</u>이고요

   심한 대립 상태 *<u>冷戰</u>(冷战)입니다.
   _{냉 전}

   良 **어질 량**에 **마음 심**은 *<u>良心</u>이고요

   지체있는 좋은 집안 *<u>良家</u>입니다.
   _{양 가}

2. **量** **셀 계**에 **헤아릴 량**은 計量(计量)이고요

   수효와 분량은 數量(数量)입니다.
   _{수 량}

   旅 **나그네 려**에 **다닐 행**은 *<u>旅行</u>이고요

   여행하는 사람은 *<u>旅客</u>입니다.
   _{여 객}

3. **歷** **지날 력**에 **사기 사**는 *<u>歷史</u>(历史)이고요

   이어 내려온 여러 대 *<u>歷代</u>(历代)입니다.
   _{역 대}

   練 **익힐 련**에 **익힐 습**은 *<u>練習</u>(练习)이고요

   숙달되게 익히는 것 訓練(训练)입니다.
   _{훈 련}

바르게 읽기 : *冷水 - 냉수 *冷戰 - 냉전 *良心 - 양심
*良家 - 양가 *旅行 - 여행 *旅客 - 여객
*歷史 - 역사 *歷代 - 역대 *練習 - 연습

5급 제 10 장

1. 冷   冷에 水는 *冷水이고요
　　　심한 대립상태 *冷战입니다.

　 良   良에 心은 *良心이고요
　　　지체있는 좋은 집안 *良家입니다.

2. 量   計에 量은 计量이고요
　　　수효와 분량은 数量입니다.

　 旅   旅에 行은 *旅行이고요
　　　여행하는 사람은 *旅客입니다.

3. 歷   歷에 史는 *历史이고요
　　　이어 내려온 여러 대 *历代입니다.

　 練   練에 習은 *练习이고요
　　　숙달되게 익히는 것 训练입니다.

바르게 읽기 : *冷水 - 냉수 *冷戰 - 냉전 *良心 - 양심
　　　　　*良家 - 양가 *旅行 - 여행 *旅客 - 여객
　　　　　*歷史 - 역사 *歷代 - 역대 *練習 - 연습

5급 제 11 장

1. **令** **법 법**에 **하여금 령**은 法令이고요
   윗사람이 아랫사람에게 시킴 命令입니다.
   명 령

   領 **거느릴 령**에 **흙 토**는 *領土(領土)이고요
   영역에 포함된 바다 *領海(領海)입니다.
   영 해

2. **勞** **일할 로**에 **움직일 동**은 *勞動(劳动)이고요
   애쓰고 고생하는 것 *勞苦(劳苦)입니다.
   노 고

   料 **헤아릴 료**에 **쇠 금**은 *料金이고요
   음식을 만드는 일 *料理입니다.
   요 리

3. **流** **흐를 류**에 **물 수**는 *流水이고요
   사회에 널리 퍼짐 *流行입니다.
   유 행

   類 **씨 종**에 **무리 류**는 種類(种类)이고요
   종류별로 나누는 것 分類(分类)입니다.
   분 류

바르게 읽기 : *領土 - 영토 *領海 - 영해 *勞動 - 노동
　　　　　　*勞苦 - 노고 *料金 - 요금 *料理 - 요리
　　　　　　*流水 - 유수 *流行 - 유행

1. **令**   法에 令은 法令이고요

   윗사람이 아랫사람에 시킴 命令입니다.

   領   領에 土는 *領土이고요

   영역에 포함된 바다 *領海입니다.

2. **勞**   勞에 動은 *劳动이고요

   애쓰고 고생하는 것 *劳苦입니다.

   料   料에 金은 *料金이고요

   음식을 만드는 일 *料理입니다.

3. **流**   流에 水는 *流水이고요

   사회에 널리 퍼짐 *流行입니다.

   類   種에 類는 种类이고요

   종류별로 나누는 것 分类입니다.

바르게 읽기 : *領土 - 영토   *領海 - 영해   *勞動 - 노동
      *勞苦 - 노고   *料金 - 요금   *料理 - 요리
      *流水 - 유수   *流行 - 유행

5급 제 12 장

1. 陸　뭍 륙에 따 지는 *陸地(陆地)이고요
　　　뭍에서 싸우는 군대 *陸軍(陆军)입니다.
　　　　　　　　　　　　　　육 군
　　馬　소 우에 말 마는 牛馬(牛马)이고요
　　　말을 타고 하는 경주 競馬(竞马)입니다.
　　　　　　　　　　　　경 마

2. 末　끝 말에 날 일은 末日이고요
　　　인생의 끝 무렵 末年입니다.
　　　　　　　　　　　말 년
　　亡　패할 패에 망할 망은 敗亡(败亡)이고요
　　　나라가 망함은 亡國(亡国)입니다.
　　　　　　　　　　망 국

3. 望　큰 덕에 바랄 망은 德望이고요
　　　분수에 넘기는 희망 野望입니다.
　　　　　　　　　　　　야 망
　　買　살 매에 들 입은 買入(买入)이고요
　　　물건을 사지 않음 不買(不买)입니다.
　　　　　　　　　　불 매

바르게 읽기 : *陸地 - 육지　　*陸軍 - 육군

5급 제 12 장

1. **陸** 陸에 地는 *<u>陆地</u>이고요
   뭍에서 싸우는 군대 *<u>陆军</u>입니다.

   馬 牛에 馬는 <u>牛马</u>이고요
   말을 타고 하는 경주 <u>竞马</u>입니다.

2. **末** 末에 日은 末日이고요
   인생의 끝 무렵 末年입니다.

   亡 敗에 亡은 敗亡이고요
   나라가 망함은 亡国입니다.

3. **望** 德에 望은 德望이고요
   분수에 넘기는 희망 野望입니다.

   買 買에 入은 买入이고요
   물건을 사지 않음 不买입니다.

바르게 읽기 : *陸地 - 육지   *陸軍 - 육군

5급 제 13 장

1. 賣　팔 매에 살 매는 **賣買**(卖买)이고요
   물건을 내다 파는 것 **賣出**(卖出)입니다.
   　　　　　　　　　　　매 출
   無　없을 무에 일 사는 **無事**(无事)이고요
   능력이 없는 것 **無能**(无能)입니다.
   　　　　　　　무 능

2. 倍　일만 만에 곱 배는 **萬倍**(万倍)이고요
   갑절로 늘어남 **倍加**입니다.
   　　　　　　배 가
   法　법 법에 집 원은 **法院**이고요
   법률에 관한 학문 **法學**(法学)입니다.
   　　　　　　　법 학

3. 變　변할 변에 **바탕** 질은 **變質**(变质)이고요
   빛깔이 달라짐 **變色**(变色)입니다.
   　　　　　　변 색
   兵　병사 병에 **마칠** 졸은 **兵卒**이고요
   군사 작전의 방법 **兵法**입니다.
   　　　　　병 법

5급 제 13 장

1. 賣　賣에 買는 卖买이고요
물건을 내다 파는 것 卖出입니다.

無　無에 事는 无事이고요
능력이 없는 것 无能입니다.

2. 倍　萬에 倍는 万倍이고요
갑절로 늘어남 倍加입니다.

法　法에 院은 法院이고요
법률에 관한 학문 法学입니다.

3. 變　變에 質은 变质이고요
빛깔이 달라짐 变色입니다.

兵　兵에 卒은 兵卒이고요
군사 작전의 방법 兵法입니다.

5급 제 14 장

1. **福** 다행 행에 복 복은 幸福(幸福)이고요
   행복과 이익은 福利(福利)입니다.
   복 리

   奉 받들 봉에 섬길 사는 奉仕이고요
   윗어른과 이별함 奉別입니다.
   봉 별

2. **比** 대할 대에 견줄 비는 對比(対比)이고요
   비교해 서로 비슷함 比等입니다.
   비 등

   費 쓸 비에 쓸 용은 費用(費用)이고요
   배우는 데 쓰는 비용 學費(学費)입니다.
   학 비

3. **鼻** 귀 이에 코 비는 耳鼻이고요
   가장 먼저 시작한 사람 鼻祖(鼻祖)입니다.
   비 조

   氷 얼음 빙에 물 하는 氷河(冰河)이고요
   얼음물은 氷水(冰水)입니다.
   빙 수

5급 제 14 장

1. **福** 幸에 福은 幸福이고요
   행복과 이익은 福利입니다.

   奉 奉에 仕는 奉仕이고요
   윗어른과 이별함 奉別입니다.

2. **比** 對에 比는 対比이고요
   비교해 서로 비슷함 比等입니다.

   費 費에 用은 費用이고요
   배우는 데 쓰는 비용 学費입니다.

3. **鼻** 耳에 鼻는 耳鼻이고요
   가장 먼저 시작한 사람 鼻祖입니다.

   氷 氷에 河는 冰河이고요
   얼음물은 冰水입니다.

5급 제 15 장

1.   **士**   배울 학에 **선비 사**는 **學士**(学士)이고요

     이름난 선비는 **名士**입니다.
                      명 사

  仕   줄 급에 **섬길 사**는 **給仕**(给仕)이고요

     벼슬을 하여 관아에 나감 **出仕**입니다.
                      출 사

2.   **史**   사기 사에 **기록할 기**는 **史記**(史记)이고요

     역사의 이야기 **史話**(史话)입니다.
                      사 화

  思   뜻 의에 **생각 사**는 **意思**이고요

     마음속으로 생각함 **思念**입니다.
                      사 념

3.   **査**   고를 조에 **조사할 사**는 **調査**(调查)이고요

     그릇된 것을 조사하여 바로잡음 **査正**(査正)입니다.
                      사 정

  寫   베낄 사에 **날 생**은 **寫生**(写生)이고요

     원본을 베낀 문서 **寫本**(写本)입니다.
                      사 본

5급 제 15 장

1. **士** **學**에 **士**는 学士이고요
   이름난 선비는 名士입니다.

   仕 **給**에 **仕**는 给仕이고요
   벼슬을 하여 관아에 나감 出仕입니다.

2. **史** **史**에 **記**는 史记이고요
   역사의 이야기 史话입니다.

   思 **意**에 **思**는 意思이고요
   마음속으로 생각함 思念입니다.

3. **查** **調**에 **查**는 调查이고요
   그릇된 것을 조사하여 바로잡음 査正입니다.

   寫 **寫**에 **生**은 写生이고요
   원본을 베낀 문서 写本입니다.

5급 제 16 장

1. **產** 날 생에 낳을 산은 生産(生产)이고요
   아이를 낳음은 出産(出产)입니다.
   출 산

   相 서로 상에 대할 대는 相對(相对)이고요
   서로 뜻이 통하는 것 相通(相通)입니다.
   상 통

2. **商** 장사 상에 가게 점은 商店이고요
   장사 하는 사업 商業(商业)입니다.
   상 업

   賞 상줄 상에 물건 품은 賞品(賞品)이고요
   상으로 주는 돈 賞金(賞金)입니다.
   상 금

3. **序** 순할 순에 차례 서는 順序(顺序)이고요
   책의 머리말 序文입니다.
   서 문

   仙 신선 선에 사람 인은 仙人이고요
   선경에 사는 사람 神仙(神仙)입니다.
   신 선

5급 제 16 장

1. **產** 生에 產은 生产 이고요
   아이를 낳음은 出产 입니다.

   相 相에 對는 相对 이고요
   서로 뜻이 통하는 것 相通 입니다.

2. **商** 商에 店은 商店 이고요
   장사 하는 사업 商业 입니다.

   賞 賞에 品은 賞品 이고요
   상으로 주는 돈 賞金 입니다.

3. **序** 順에 序는 順序 이고요
   책의 머리말 序文 입니다.

   仙 仙에 人은 仙人 이고요
   선경에 사는 사람 神仙 입니다.

5급 제 17 장

1. **船** 고기 잡을 **어**에 **배 선**은 漁船(渔船)이고요

   상업상 목적에 쓰는 선박 商船입니다.
   상 선

   善 친할 **친**에 착할 **선**은 親善(亲善)이고요

   좋은 일에 씀은 善用입니다.
   선 용

2. **選** 가릴 **선**에 손 **수**는 選手(选手)이고요

   대표자를 가려 뽑음 選擧(选举)입니다.
   선 거

   鮮 고울 **선**에 밝을 **명**은 鮮明(鲜明)이고요

   새롭고 산뜻함 新鮮(新鲜)입니다.
   신 선

3. **說** 말씀 **설**에 밝을 **명**은 說明(说明)이고요

   신문사의 논설은 社說(社说)입니다.
   사 설

   性 성품 **성**에 바탕 **질**은 性質(性质)이고요

   타고난 성품 天性입니다.
   천 성

1. 船　漁에 船은 漁船이고요
　　상업상 목적에 쓰는 선박 商船입니다.

　 善　親에 善은 亲善이고요
　　좋은 일에 씀은 善用입니다.

2. 選　選에 手는 选手이고요
　　대표자를 가려 뽑음 选举입니다.

　 鮮　鮮에 明은 鮮明이고요
　　새롭고 산뜻함 新鮮입니다.

3. 說　說에 明은 说明이고요
　　신문사의 논설은 社说입니다.

　 性　性에 質은 性质이고요
　　타고난 성품 天性입니다.

5급 제 18 장

1. 洗 씻을 세에 손 수는 洗手이고요
   자동차를 씻는 일 洗車(洗车)입니다.
   세 차

   歲 일만 만에 해 세는 萬歲(万岁)이고요
   흘러가는 시간 歲月(岁月)입니다.
   세 월

2. 束 맺을 약에 묶을 속은 約束(约束)이고요
   하나로 묶어짐 結束(结束)입니다.
   결 속

   首 머리 수에 도읍 도는 首都(首都)이고요
   맨 윗자리는 首席입니다.
   수 석

3. 宿 잘 숙에 제목 제는 宿題(宿题)이고요
   피할 수 없는 운명 宿命입니다.
   숙 명

   順 순할 순에 자리 위는 順位(顺位)이고요
   마땅한 이치는 順理(顺理)입니다.
   순 리

5급 제 18 장

1. 洗   洗에 手는 洗手이고요
   자동차를 씻는 일 洗车입니다.

   歲   萬에 歲는 万岁이고요
   흘러가는 시간 岁月입니다.

2. 束   約에 束은 约束이고요
   하나로 묶어짐 结束입니다.

   首   首에 都는 首都이고요
   맨 윗자리는 首席입니다.

3. 宿   宿에 題는 宿题이고요
   피할 수 없는 운명 宿命입니다.

   順   順에 位는 順位이고요
   마땅한 이치는 順理입니다.

5급 제 19 장

1. **示** 보일 시에 **나타날 현**은 示現(示现)이고요
    가르쳐 보이는 것 訓示(训示)입니다.
    훈 시
   識 **알 식**에 **볼 견**은 識見(识见)이고요
    학문으로 얻은 지식 學識(学识)입니다.
    학 식

2. **臣** **신하 신**에 **아래 하**는 臣下이고요
    공로가 있는 신하 功臣입니다.
    공 신
   實 **열매 실**에 **힘 력**은 實力(实力)이고요
    실제로 얻은 이익 實利(实利)입니다.
    실 리

3. **兒** **아이 아**에 **아이 동**은 兒童(儿童)이고요
    어린아이를 기르는 것 育兒(育儿)입니다.
    육 아
   惡 **악할 악**에 **사람 인**은 惡人(恶人)이고요
    선함과 악한 것 善惡(善恶)입니다.
    선 악

5급 제 19 장

1. **示** 示에 現은 示现이고요
   가르쳐 보이는 것 训示입니다.

   識 識에 見은 识见이고요
   학문으로 얻은 지식 学识입니다.

2. **臣** 臣에 下는 臣下이고요
   공로가 있는 신하 功臣입니다.

   實 實에 力은 实力이고요
   실제로 얻은 이익 实利입니다.

3. **兒** 兒에 童은 儿童이고요
   어린아이를 기르는 것 育儿입니다.

   惡 惡에 人은 恶人이고요
   선함과 악한 것 善恶입니다.

5급 제 20 장

1. 案 책상 안에 **안 내**는 **案内**이고요
토의해야 할 사항 **案件**입니다.
안 건

   約 **말씀 언**에 **맺을 약**은 **言約**(言约)이고요
약속하여 정함 **約定**(约定)입니다.
약 정

2. 養 **기를 양**에 **늙을 로**는 **養老**(养老)이고요
어린이를 기르는 것 **養育**(养育)입니다.
양 육

   魚 **고기 어**에 **무리 류**는 **魚類**(鱼类)이고요
물고기를 기르는 것 **養魚**(养鱼)입니다.
양 어

3. 漁 **고기 잡을 어**에 **지아비 부**는 **漁夫**(渔夫)이고요
고기잡이에 쓰는 기구 **漁具**(渔具)입니다.
어 구

   億 **한 일**에 **억 억**은 **一億**(一亿)이고요
1억의 열곱은 **十億**(十亿)입니다.
십 억

5급 제 20 장

1. **案** 案에 内는 案内이고요
   토의해야 할 사항 案件입니다.

   約 言에 約은 言約이고요
   약속하여 정함 约定입니다.

2. **養** 養에 老는 养老이고요
   어린이를 기르는 것 养育입니다.

   魚 魚에 類는 鱼类이고요
   물고기를 기르는 것 养鱼입니다.

3. **漁** 漁에 夫는 渔夫이고요
   고기잡이에 쓰는 기구 渔具입니다.

   億 一에 億은 一亿이고요
   1억의 열곱은 十亿입니다.

5급 제 21 장

1. **熱** 더울 열에 **마음 심**은 **熱心**(热心)이고요
   뜨겁게 바라는 것 **熱望**(热望)입니다.
   열 망

   葉 잎 엽에 글 서는 **葉書**(叶书)이고요
   시대의 끝 무렵 **末葉**(末叶)입니다.
   말 엽

2. **屋** 집 가에 **집 옥**은 **家屋**이고요
   韓屋(韩屋)의 반대말 **洋屋**입니다.
   한 옥　　　　　　　양 옥

   完 완전할 완에 **온전 전**은 **完全**이고요
   완전히 다 이룸 **完成**입니다.
   완 성

3. **要** 무거울 중에 **요긴할 요**는 **重要**이고요
   중요한 것만 추려낸 것 **要約**(要约)입니다.
   요 약

   曜 빛날 요에 **날 일**은 **曜日**(曜日)이고요
   요일 중의 첫째 날 **日曜日**(日曜日)입니다.
   일 요 일

5급 제 21 장

1. **熱** 熱에 心은 热心이고요
   뜨겁게 바라는 것 热望입니다.

   葉 葉에 書는 叶书이고요
   시대의 끝 무렵 末叶입니다.

2. **屋** 家에 屋은 家屋이고요
   韩屋의 반대말 洋屋입니다.

   完 完에 全은 完全이고요
   완전히 다 이룸 完成입니다.

3. **要** 重에 要는 重要이고요
   중요한 것만 추려낸 것 要约입니다.

   曜 曜에 日은 曜日이고요
   요일 중의 첫째 날 日曜日입니다.

5급 제 22 장

1. 浴 목욕할 욕에 집 실은 浴室이고요
맨 몸을 햇볕에 쐬는일 日光浴입니다.
일 광 욕

牛 소 우에 젖 유는 牛乳이고요
소나 말이 끄는 수레 牛馬車(牛马车)입니다.
우 마 차

2. 友 벗 우에 뜻 정은 友情(友情)이고요
친밀한 친구는 親友(亲友)입니다.
친 우

雨 비 우에 물 수는 雨水이고요
비가 올 때 입는 옷 雨衣입니다.
우 의

3. 雲 흰 백에 구름 운은 白雲(白云)이고요
구름같이 모여 듦 雲集(云集)입니다.
운 집

雄 꽃부리 영에 수컷 웅은 英雄이고요
웅장하고 큰 것 雄大입니다.
웅 대

5급 제 22 장

1. **浴** 浴에 室은 浴室이고요
   맨 몸을 햇볕에 쬐는일 日光浴입니다.

   牛 牛에 乳는 牛乳이고요
   소나 말이 끄는 수레 牛马车입니다.

2. **友** 友에 情은 友情이고요
   친밀한 친구는 亲友입니다.

   雨 雨에 水는 雨水이고요
   비가 올 때 입는 옷 雨衣입니다.

3. **雲** 白에 雲은 白云이고요
   구름같이 모여 듦 云集입니다.

   雄 英에 雄은 英雄이고요
   웅장하고 큰 것 雄大입니다.

5급 제 23 장

1. **元** 으뜸 원에 **머리 수**는 **元首**이고요
   경험과 공로가 많은 사람 **元老**입니다.
   원 로

   院 배울 학에 **집 원**은 **學院**(学院)이고요
   병자를 치료하는 곳 **病院**입니다.
   병 원

2. **原** **언덕 원**에 **헤아릴 료**는 **原料**이고요
   사물의 근본 이치 **原理**입니다.
   원 리

   願 **바 소**에 **원할 원**은 **所願**(所愿)이고요
   청원하는 서류는 **願書**(愿书)입니다.
   원 서

3. **位** **모 방**에 **자리 위**는 **方位**이고요
   순번에 따른 위치 **順位**(顺位)입니다.
   순 위

   偉 **클 위**에 **사람 인**은 **偉人**(伟人)이고요
   뛰어나고 훌륭함 **偉大**(伟大)입니다.
   위 대

1. **元** 元에 首는 元首이고요
　　경험과 공로가 많은 사람 元老입니다.

　　院 學에 院은 学院이고요
　　병자를 치료하는 곳 病院입니다.

2. **原** 原에 料는 原料이고요
　　사물의 근본 이치 原理입니다.

　　願 所에 願은 所願이고요
　　청원하는 서류는 愿书입니다.

3. **位** 方에 位는 方位이고요
　　순번에 따른 위치 順位입니다.

　　偉 偉에 人은 伟人이고요
　　뛰어나고 훌륭함 伟大입니다.

5급 제 24 장

1. **以** 써 **이**에 윗 **상**은 **以上**이고요

   以前의 반대말 **以後**(以后)입니다.
   이 전　　　　　　이 후

   耳 귀 **이**에 눈 **목**은 **耳目**이고요

   사람의 나이 예순살 **耳順**(耳顺)입니다.
   이 순

2. **因** 언덕 **원**에 인할 **인**은 **原因**이고요

   중요한 원인은 **要因**입니다.
   요 인

   任 믿을 **신**에 맡길 **임**은 **信任**이고요

   새로 임명되는 것 **新任**입니다.
   신 임

3. **材** 재목 **재**에 헤아릴 **료**는 **材料**이고요

   가르칠 때 쓰이는 재료 **教材**(教材)입니다.
   교 재

   財 재물 **재**에 물건 **물**은 **財物**(財物)이고요

   소유하고 있는 재물 **財産**(財产)입니다.
   재 산

5급 제 24 장

1. **以**　以에 上은 以上이고요
   以前의 반대말 以后입니다.

   耳　耳에 目은 耳目이고요
   사람의 나이 예순살 耳順입니다.

2. **因**　原에 因은 原因이고요
   중요한 원인은 要因입니다.

   任　信에 任은 信任이고요
   새로 임명되는 것 新任입니다.

3. **材**　材에 料는 材料이고요
   가르칠 때 쓰이는 재료 教材입니다.

   財　財에 物은 財物이고요
   소유하고 있는 재물 財産입니다.

5급 제 25 장

1. **再** 두 재에 **나타날 현**은 再現(再现)이고요
   두 번 다시 만나는 것 再會(再会)입니다.
   재 회

   災 재앙 재에 **해할 해**는 災害(灾害)이고요
   水災(水灾)의 반대말 火災(火灾)입니다.
   수 재　　　　　　　　　　화 재

2. **爭** 싸움 전에 **다툴 쟁**은 戰爭(战争)이고요
   이기려고 다투는 것 競爭(竞争)입니다.
   경 쟁

   貯 쌓을 저에 **쇠 금**은 貯金(貯金)이고요
   물을 가두어 두는 것 貯水(貯水)입니다.
   저 수

3. **赤** 붉을 적에 **빛 색**은 赤色이고요
   위험이 있다는 경계신호 赤信號(赤信号)입니다.
   적 신 호

   的 눈 목에 **과녁 적**은 目的이고요
   정확히 들어맞음 的中입니다.
   적 중

5급 제 25 장

1. **再** 再에 現은 再現이고요
   두 번 다시 만나는 것 再会입니다.

   災 災에 害는 灾害이고요
   水灾의 반대말 火灾입니다.

2. **爭** 戰에 爭은 战争이고요
   이기려고 다투는 것 竟争입니다.

   貯 貯에 金은 貯金이고요
   물을 가두어 두는 것 貯水입니다.

3. **赤** 赤에 色은 赤色이고요
   위험이 있다는 경계신호 赤信号입니다.

   的 目에 的은 目的이고요
   정확히 들어맞음 的中입니다.

5급 제 26 장

1. **典** 법 법에 법 전은 **法典**이고요
   일정한 의식 **典禮**(典礼)입니다.
   전 례

   展 펼 전에 보일 시는 **展示**이고요
   멀리 바라본 경치 **展望**입니다.
   전 망

2. **傳** 전할 전에 말씀 설은 **傳說**(传说)이고요
   전해져 내려온 것 **傳來**(传来)입니다.
   전 래

   切 친할 친에 끊을 절은 **親切**(亲切)이고요
   긴요하고 간절함 **切實**(切实)입니다.
   절 실

3. **節** 이름 명에 마디 절은 **名節**(名节)이고요
   아끼어 쓰는 것 **節約**(节约)입니다.
   절 약

   店 글 서에 가게 점은 **書店**(书店)이고요
   일상 용품을 파는 가게 **賣店**(卖店)입니다.
   매 점

1.　典　法에 典은 法典이고요
　　　　일정한 의식 典礼입니다.

　　展　展에 示는 展示이고요
　　　　멀리 바라본 경치 展望입니다.

2.　傳　傳에 說은 传说이고요
　　　　전해져 내려온 것 传来입니다.

　　切　親에 切은 亲切이고요
　　　　긴요하고 간절함 切实입니다.

3.　節　名에 節은 名节이고요
　　　　아끼어 쓰는 것 节约입니다.

　　店　書에 店은 书店이고요
　　　　일상 용품을 파는 가게 卖店입니다.

5급 제 27 장

1. 停　머무를 정에 그칠 지는 停止이고요

　　퇴직하도록 정해진 나이 停年입니다.
　　　　　　　　　　　　　　　정 년

　情　뜻 정에 말씀 담은 情談(情谈)이고요

　　불 같은 세찬 감정 熱情(热情)입니다.
　　　　　　　　　　　열 정

2. 調　고를 조에 화할 화는 調和(调和)이고요

　　분쟁을 중간에 서서 화해시킴 調停(调停)입니다.
　　　　　　　　　　　　　　　　조 정

　操　잡을 조에 지을 작은 操作이고요

　　기계를 움직여 일을 함 操業(操业)입니다.
　　　　　　　　　　　조 업

3. 卒　마칠 졸에 업 업은 卒業(卒业)이고요

　　장교 아닌 사병은 卒兵입니다.
　　　　　　　　　　졸 병

　終　마칠 종에 날 일은 終日(终日)이고요

　　맨 나중의 끝은 終末(终末)입니다.
　　　　　　　　　종 말

5급 제 27 장

1. **停** 停에 止는 停止이고요
   퇴직하도록 정해진 나이 停年입니다.

   情 情에 談은 情談이고요
   불 같은 세찬 감정 热情입니다.

2. **調** 調에 和는 调和이고요
   분쟁을 중간에 서서 화해시킴 调停입니다.

   操 操에 作은 操作이고요
   기계를 움직여 일을 함 操业입니다.

3. **卒** 卒에 業은 卒业이고요
   장교 아닌 사병은 卒兵입니다.

   終 終에 日은 终日이고요
   맨 나중의 끝은 终末입니다.

5급 제 28 장

1. 種 씨 종에 **눈 목**은 種目(种目)이고요
   동 · 식물의 씨앗은 種子(种子)입니다.
   종 자

   罪 **허물 죄**에 **사람 인**은 罪人이고요
   죄가 되는 나쁜 짓 罪惡(罪恶)입니다.
   죄 악

2. 州 **온전 전**에 **고을 주**는 全州이고요
   전라남도 빛고을 光州입니다.
   광 주

   週 **주일 주**에 **날 일**은 週日(周日)이고요
   이 번 주일은 今週(今周)입니다.
   금 주

3. 止 **가운데 중**에 **그칠 지**는 中止이고요
   결말의 끝은 終止(终止)입니다.
   종 지

   知 **알 지**에 **알 식**은 知識(知识)이고요
   지적인 능력은 知能입니다.
   지 능

5급 제 28 장

1. **種**　種에 目은 种目이고요
　　동·식물의 씨앗은 种子입니다.

　　罪　罪에 人은 罪人이고요
　　죄가 되는 나쁜 짓 罪恶입니다.

2. **州**　全에 州는 全州이고요
　　전라남도 빛고을 光州입니다.

　　週　週에 日은 周日이고요
　　이 번 주일은 今周입니다.

3. **止**　中에 止는 中止이고요
　　결말의 끝은 终止입니다.

　　知　知에 識은 知识이고요
　　지적인 능력은 知能입니다.

5급 제 29 장

1. **質** 물건 품에 **바탕** 질은 品質(品质)이고요
   의심나는 점 묻는 일 質問(质问)입니다.
   질 문

   着 붙을 착에 **장인** 공은 着工이고요
   땅위에 내려앉음 着陸(着陆)입니다.
   착 륙

2. **參** 참여할 참에 **더할** 가는 參加(参加)이고요
   어떤 자리에 참여함 參席(参席)입니다.
   참 석

   唱 부를 창에 **노래** 가는 唱歌이고요
   다시 노래 부르는 것 再唱입니다.
   재 창

3. **責** 꾸짖을 책에 **맡길** 임은 責任(责任)이고요
   잘못을 꾸짖는 것 責望(责望)입니다.
   책 망

   鐵 쇠 철에 **법칙** 칙은 鐵則(铁则)이고요
   철을 주재료로 건설한 다리 鐵橋(铁桥)입니다.
   철 교

5급 제 29 장

1. **質** 品에 質은 品质 이고요
의심나는 점 묻는 일 质问 입니다.

   着 着에 工은 着工 이고요
땅위에 내려앉음 着陆 입니다.

2. **參** 參에 加는 参加 이고요
어떤 자리에 참여함 参席 입니다.

   唱 唱에 歌는 唱歌 이고요
다시 노래 부르는 것 再唱 입니다.

3. **責** 責에 任은 责任 이고요
잘못을 꾸짖는 것 责望 입니다.

   鐵 鐵에 則은 铁则 이고요
철을 주재료로 건설한 다리 铁桥 입니다.

5급 제 30 장

1. **初** 처음 초에 **해 년**은 **初年**이고요
   맨 처음의 등급은 **初等**입니다.
   초 등

   最 **가장 최**에 **높을 고**는 **最高**이고요
   가장 새로운 것 **最新**입니다.
   최 신

2. **祝** **빌 축**에 **복 복**은 **祝福**(祝福)이고요
   소원을 비는 일 **祝願**(祝愿)입니다.
   축 원

   充 **채울 충**에 **나눌 분**은 **充分**이고요
   모자란 것 채워 메움 **充當**(充当)입니다.
   충 당

3. **致** **이를 치**에 **죽을 사**는 **致死**이고요
   죽을 지경에 이름 **致命**입니다.
   치 명

   則 **언덕 원**에 **법칙 칙**은 **原則**(原则)이고요
   단체 모임의 규칙 **會則**(会则)입니다.
   회 칙

5급 제 30 장

1. **初** 初에 年은 初年이고요
맨 처음의 등급은 初等입니다.

   最 最에 高는 最高이고요
가장 새로운 것 最新입니다.

2. **祝** 祝에 福은 祝福이고요
소원을 비는 일 祝願입니다.

   充 充에 分은 充分이고요
모자란 것 채워 메움 充当입니다.

3. **致** 致에 死는 致死이고요
죽을 지경에 이름 致命입니다.

   則 原에 則은 原則이고요
단체 모임의 규칙 会則입니다.

5급 제 31 장

1. 他　다를 **타**에 **사람 인**은 **他人**이고요
제 나라 아닌 다른 나라 **他國**(他国)입니다.
타 국

打　칠 **타**에 **하여금 령**은 **打令**이고요
이해 관계를 셈해 봄 **打算**입니다.
타 산

2. 卓　높을 **탁**에 **공 구**는 **卓球**이고요
뛰어난 식견은 **卓見**(卓见)입니다.
탁 견

炭　돌 **석**에 **숯 탄**은 **石炭**이고요
화합할 수 없는 성질 **氷炭**(冰炭)입니다.
빙 탄

3. 宅　살 **주**에 **집 택**은 **住宅**이고요
사람이 사는 집 **家宅**입니다.
가 택

板　널 **판**에 **아들 자**는 **板子**이고요
목판으로 박은 책 **板本**입니다.
판 본

5급 제 31 장

1. **他** 他에 人은 他人이고요
   제 나라 아닌 다른 나라 他国입니다.

   打 打에 令은 打令이고요
   이해 관계를 셈해 봄 打算입니다.

2. **卓** 卓에 球는 卓球이고요
   뛰어난 식견 卓見입니다.

   炭 石에 炭은 石炭이고요
   화합할 수 없는 성질 冰炭입니다.

3. **宅** 住에 宅은 住宅이고요
   사람이 사는 집 家宅입니다.

   板 板에 子는 板子이고요
   목판으로 박은 책 板本입니다.

5급 제 32 장

1. 敗 패할 패에 **달아날 배**는 *敗北(敗北)이고요
   전쟁에서 진 싸움 敗戰(败战)입니다.
   패 전

   品 먹을 식에 **물건 품**은 食品이고요
   사고 파는 물건은 商品입니다.
   상 품

2. 必 반드시 필에 **요긴할 요**는 必要이고요
   반드시 이기는 것 必勝(必胜)입니다.
   필 승

   筆 붓 필에 **놈 자**는 筆者(笔者)이고요
   글씨 쓰는 순서는 筆順(笔顺)입니다.
   필 순

3. 河 물 하에 **내 천**은 河川이고요
   산과 강은 山河입니다.
   산 하

   寒 찰 한에 **해할 해**는 寒害이고요
   추운 지방은 寒地입니다.
   한 지

바르게 읽기 : *敗北 - 패배

5급 제 32 장

1. **敗**　敗에 北는 *敗北이고요
　　전쟁에서 진 싸움 敗战입니다.

　品　食에 品은 食品이고요
　　사고 파는 물건은 商品입니다.

2. **必**　必에 要는 必要이고요
　　반드시 이기는 것 必胜입니다.

　筆　筆에 者는 笔者이고요
　　글씨 쓰는 순서는 笔顺입니다.

3. **河**　河에 川은 河川이고요
　　산과 강은 山河입니다.

　寒　寒에 害는 寒害이고요
　　추운 지방은 寒地입니다.

바르게 읽기 : *敗北 - 패배

5급 제33장

1. **害** 공평할 공에 해할 해는 **公害**이고요
   손해를 입히는 것 **加害**입니다.
   가 해

   許 허락 허에 옳을 가는 **許可**(許可)이고요
   특별히 허락함 **特許**(特許)입니다.
   특 허

2. **湖** 호수 호에 물 수는 **湖水**이고요
   크나큰 호수는 **大湖**입니다.
   대 호

   化 될 화에 돌 석은 **化石**이고요
   강하게 되는 것 **强化**입니다.
   강 화

3. **患** 근심 환에 놈 자는 **患者**(患者)이고요
   병든 곳이나 상처 난 곳 **患部**입니다.
   환 부

   效 본받을 효에 실과 과는 **效果**이고요
   효험을 나타내는 능력 **效能**입니다.
   효 능

5급 제 33 장

1. **害** 公에 害는 公害이고요
   손해를 입히는 것 加害입니다.

   許 許에 可는 許可이고요
   특별히 허락함 特許입니다.

2. **湖** 湖에 水는 湖水이고요
   크나큰 호수는 大湖입니다.

   化 化에 石은 化石이고요
   강하게 되는 것 强化입니다.

3. **患** 患에 者는 患者이고요
   병든 곳이나 상처 난 곳 患部입니다.

   效 效에 果는 效果이고요
   효험을 나타내는 능력 效能입니다.

5급 제34장

95

1.　凶　흉할 흉에 해 년은 凶年이고요
　　　흉악한 계책 凶計(凶计)입니다.
　　　　　　　　　흉 계

　　黑　검을 흑에 사람 인은 黑人이고요
　　　검은빛과 흰빛 黑白입니다.
　　　　　　　　　흑 백

1. **凶** 凶에 年은 凶年이고요
　　　흉악한 계책 凶计입니다.

　　黑 黑에 人은 黑人이고요
　　　검은빛과 흰빛 黑白입니다.

8급 배정 漢字(한자) 50자 훈(뜻)음 표
(汉字)

※ 한자 노트를 이용하여 한일~나라국까지 漢字의 훈음을 먼저 쓰고 책을 보지 않고도 漢字를 쓸 수 있도록 학습한다.

一	二	三	四	五
한 일	두 이	석 삼	넉 사	다섯 오
六	七	八	九	十
여섯 륙	일곱 칠	여덟 팔	아홉 구	열 십
日	月	火	水	木
날 일	달 월	불 화	물 수	나무 목
金	土	寸	女	王
쇠 금/성 김	흙 토	마디 촌	계집 녀	임금 왕
人	民	山	外	大
사람 인	백성 민	메 산	바깥 외	큰 대
中	小	年	长 長	门 門
가운데 중	작을 소	해 년	긴 장	문 문
青 青	白	父	母	兄
푸를 청	흰 백	아비 부	어미 모	형 형
弟	先	生	教 教	室
아우 제	먼저 선	날 생	가르칠 교	집 실
东 東	西	南	北	学 學
동녘 동	서녘 서	남녘 남	북녘 북	배울 학
校	万 萬	军 軍	韩 韓	国 國
학교 교	일만 만	군사 군	나라 한	나라 국

◈ 점검 8급 배정 漢字(한자) 50자 소리 내어 읽기
(汉字)

一	二	三	四	五
六	七	八	九	十
日	月	火	水	木
金	土	寸	女	王
人	民	山	外	大
中	小	年	长	门
青	白	父	母	兄
弟	先	生	教	室
东	西	南	北	学
校	万	军	韩	国

7급 배정 漢字 100자 훈(뜻)음 표
(汉字)

※ 한자 노트를 이용하여 ①집가~저자시까지 漢字의 훈음을 먼저 쓰고 ②책을 보지 않고도 漢字를 쓸 수 있도록 학습한다.

家	歌	间 間	江	车 車
집 가	노래 가	사이 간	강 강	수레 차(거)
工	空	口	记 記	气 氣
장인 공	빌 공	입 구	기록할 기	기운 기
旗	男	内	农 農	答
기 기	사내 남	안 내	농사 농	대답 답
道 道	冬	同	洞	动 動
길 도	겨울 동	한가지 동	골 동/밝을 통	움직일 동
登	来 來	力	老	里
오를 등	올 래	힘 력	늙을 로	마을 리
林	立	每	面	名
수풀 림	설 립	매양 매	낯 면	이름 명
命	文	问 問	物	方
목숨 명	글월 문	물을 문	물건 물	모 방
百	夫	不	事	算
일백 백	지아비 부	아닐 불	일 사	셈 산
上	色	夕	姓	世
윗 상	빛 색	저녁 석	성 성	인간 세
少	所	手	数 數	市
적을 소	바 소	손 수	셈 수	저자 시

◆ 점검 7급 배정 漢字 100자 소리 내어 읽기
(汉字)

家	歌	间	江	车
工	空	口	记	气
旗	男	内	农	答
道	冬	同	洞	动
登	来	力	老	里
林	立	每	面	名
命	文	问	物	方
百	夫	不	事	算
上	色	夕	姓	世
少	所	手	数	市

7급 배정 漢字 150자 훈(뜻)음 표
(汉字)

※ 한자 노트를 이용하여 ①때 시~쉴 휴까지 漢字의 훈음을 먼저 쓰고 ②책을 보지 않고도 漢字를 쓸 수 있도록 학습한다.

时 時	食	植 植	心	安
때 시	밥 식/먹을 식	심을 식	마음 심	편안 안
语 語	然 然	午	右	有
말씀 어	그럴 연	낮 오	오를 우	있을 유
育	邑	入	子	字
기를 육	고을 읍	들 입	아들 자	글자 자
自	场 場	全	前	电 電
스스로 자	마당 장	온전 전	앞 전	번개 전
正	祖 祖	足	左	主
바를 정	할아비 조	발 족	왼 좌	주인 주
住	重	地	纸 紙	直 直
살 주	무거울 중	따 지	종이 지	곧을 직
川	千	天	草 草	村
내 천	일천 천	하늘 천	풀 초	마을 촌
秋	春	出	便	平 平
가을 추	봄 춘	날 출	편할 편/똥오줌 변	평평할 평
下	夏	汉 漢	海	花 花
아래 하	여름 하	한수 한/한나라 한	바다 해	꽃 화
话 話	活	孝	后 後	休
말씀 화	살 활	효도 효	뒤 후	쉴 휴

◆점검 7급 배정 漢字 150자 소리 내어 읽기 (汉字)

时	食	植	心	安
语	然	午	右	有
育	邑	入	子	字
自	场	全	前	电
正	祖	足	左	主
住	重	地	纸	直
川	千	天	草	村
秋	春	出	便	平
下	夏	汉	海	花
话	活	孝	后	休

6급 배정 漢字 200자 훈(뜻)음 표
(汉字)

※ 한자 노트를 이용하여 ①각각각~쌀미까지 漢字의 훈음을 먼저 쓰고 ②책을 보지 않고도 漢字를 쓸 수 있도록 학습한다.

各	角 角	感	强	开 開
각각 각	뿔 각	느낄 감	강할 강	열 개
京	界	计 計	古	苦 苦
서울 경	지경 계	셀 계	예 고	쓸 고
高	功	公	共	果
높을 고	공 공	공평할 공	한가지 공	실과 과
科	光	交	区 區	球
과목 과	빛 광	사귈 교	구분할 구	공 구/옥경 구
郡	近 近	根	今	急
고을 군	가까울 근	뿌리 근	이제 금	급할 급
级 級	多	短	堂	代
등급 급	많을 다	짧을 단	집 당	대신 대
待	对 對	度	图 圖	读 讀
기다릴 대	대할 대	법도 도/헤아릴 탁	그림 도	읽을 독/구절 두
童	头 頭	等	乐 樂	例
아이 동	머리 두	무리 등	즐길 락/노래 악	법식 례
礼 禮	路	绿 綠	利	李
예도 례	길 로	푸를 록	이할 리	오얏 리/성 리
理	明	目	闻 聞	米
다스릴 리	밝을 명	눈 목	들을 문	쌀 미

◈ 점검 6급 배정 漢字 200자 소리 내어 읽기
(汉字)

各	角	感	强	开
京	界	计	古	苦
高	功	公	共	果
科	光	交	区	球
郡	近	根	今	急
级	多	短	堂	代
待	对	度	图	读
童	头	等	乐	例
礼	路	绿	利	李
理	明	目	闻	米

6급 배정 漢字 250자 훈(뜻)음 표
(汉字)

※ 한자 노트를 이용하여 ①아름다울미~따뜻할온까지 漢字의 훈음을 먼저 쓰고 ②책을 보지 않고도 漢字를 쓸 수 있도록 학습한다.

美	朴	反	半	班
아름다울 미	성 박	돌이킬 반/돌아올 반	반 반	나눌 반
发 (發)	放	番	別	病
필 발	놓을 방	차례 번	다를 별/나눌 별	병 병
服	本	部	分	死
옷 복	근본 본	떼 부	나눌 분	죽을 사
使	社 (社)	书 (書)	石	席
부릴 사/하여금 사	모일 사	글 서	돌 석	자리 석
线 (線)	雪	成	省	消
줄 선	눈 설	이룰 성	살필 성/덜 생	사라질 소
速 (速)	孙 (孫)	树 (樹)	术 (術)	习 (習)
빠를 속	손자 손	나무 수	재주 술	익힐 습
胜 (勝)	始	式	身	信
이길 승	비로소 시	법 식	몸 신	믿을 신
神 (神)	新	失	爱 (愛)	夜
귀신 신	새 신	잃을 실	사랑 애	밤 야
野	弱 (弱)	药 (藥)	洋	阳 (陽)
들 야	약할 약	약 약	큰바다 양	볕 양
言	业 (業)	永	英 (英)	温 (溫)
말씀 언	업 업	길 영	꽃부리 영	따뜻할 온

6급

◈ 점검 6급 배정 漢字 250자 소리 내어 읽기
(汉字)

美	朴	反	半	班
发	放	番	别	病
服	本	部	分	死
使	社	书	石	席
线	雪	成	省	消
速	孙	树	术	习
胜	始	式	身	信
神	新	失	爱	夜
野	弱	药	洋	阳
言	业	永	英	温

6급 배정 漢字 300자 훈(뜻)음 표
(汉字)

※ 한자 노트를 이용하여 ①쓸용~가르칠훈까지 漢字의 훈음을 먼저 쓰고 ②책을 보지 않고도 漢字를 쓸 수 있도록 학습한다.

用	勇	运 運	园 園	远 遠
쓸 용	날랠 용	옮길 운	동산 원	멀 원
由	油	银 銀	音	饮 飲
말미암을 유	기름 유	은 은	소리 음	마실 음
衣	意	医 醫	者 者	作
옷 의	뜻 의	의원 의	놈 자	지을 작
昨	章	才	在	战 戰
어제 작	글 장	재주 재	있을 재	싸움 전
定	庭	第	题 題	朝
정할 정	뜰 정	차례 제	제목 제	아침 조
族	注	昼 晝	集	窗 窓
겨레 족	부을 주	낮 주	모을 집	창 창
清 淸	体 體	亲 親	太	通 通
맑을 청	몸 체	친할 친	클 태	통할 통
特	表	风 風	合	行
특별할 특	겉 표	바람 풍	합할 합	다닐 행/항렬 항
幸	向	现 現	形	号 號
다행 행	향할 향	나타날 현	모양 형	이름 호
和	画 畵	黄 黃	会 會	训 訓
화할 화	그림 화	누를 황	모일 회	가르칠 훈

6급

◆점검 6급 배정 漢字 300자 소리 내어 읽기
(汉字)

用	勇	运	园	远
由	油	银	音	饮
衣	意	医	者	作
昨	章	才	在	战
定	庭	第	题	朝
族	注	昼	集	窗
清	体	亲	太	通
特	表	风	合	行
幸	向	现	形	号
和	画	黄	会	训

김영준 漢字 교실
(汉字)

- 훈(뜻)음 쓰기
- 漢字 쓰기

5급 배정 漢字 350자 훈(뜻)음 표
〔汉字〕

加 더할 가	可 옳을 가	价價 값 가	改 고칠 개	客 손 객
去 갈 거	举擧 들 거	件 물건 건	建 세울 건	健 굳셀 건
格 격식 격	见見 볼 견/뵈올 현	决決 결단할 결	结結 맺을 결	景 볕 경
敬敬 공경 경	轻輕 가벼울 경	竞競 다툴 경	固 굳을 고	考 생각할 고
告 고할 고	曲 굽을 곡	课課 과정 과	过過 지날 과	关關 관계할 관
观觀 볼 관	广廣 넓을 광	桥橋 다리 교	具 갖출 구	救 구원할 구
旧舊 예 구	局 판 국	贵貴 귀할 귀	规規 법 규	给給 줄 급
己 몸 기	技 재주 기	汽 물끓는김 기	基 터 기	期 기약할 기
吉 길할 길	念 생각 념	能 능할 능	团團 둥글 단	坛壇 단 단
谈談 말씀 담	当當 마땅 당	德 큰 덕	到 이를 도	岛島 섬 도

5급 배정 漢字 350자 훈(뜻)음 쓰기(1회)
(汉字)

● 훈(뜻)음 표를 보고 (예)더할가~손객까지 쓴다. 훈(뜻)음 쓰기(1회)~(5회)까지 반복 학습한다.

加	可	价價	改	客
去	举擧	件	建	健
格	见見	决決	结結	景
敬敬	轻輕	竟競	固	考
告	曲	课課	过過	关關
观觀	广廣	桥橋	具	救
旧舊	局	贵貴	规規	给給
己	技	汽	基	期
吉	念	能	团團	坛壇
谈談	当當	德	到	岛島

5급 배정 漢字 350자 훈(뜻)음 쓰기(2회)
(汉字)

● 훈(뜻)음 표를 보고 (예)더할가~손객까지 쓴다. 훈(뜻)음 쓰기(1회)~(5회)까지 반복 학습한다.

加	可	价價	改	客
去	举擧	件	建	健
格	见見	决決	结結	景
敬敬	轻輕	竟競	固	考
告	曲	课課	过過	关關
观觀	广廣	桥橋	具	救
旧舊	局	贵貴	规規	给給
己	技	汽	基	期
吉	念	能	团團	坛壇
谈談	当當	德	到	岛島

5급 배정 漢字 350자 훈(뜻)음 쓰기(3회)
(汉字)

● 훈(뜻)음 표를 보고 (예)더할가~손객까지 쓴다. 훈(뜻)음 쓰기(1회)~(5회)까지 반복 학습한다.

加	可	价價	改	客
去	举擧	件	建	健
格	见見	决決	结結	景
敬敬	轻輕	竞競	固	考
告	曲	课課	过過	关關
观觀	广廣	桥橋	具	救
旧舊	局	贵貴	规規	给給
己	技	汽	基	期
吉	念	能	团團	坛壇
谈談	当當	德	到	岛島

5급 배정 漢字 350자 훈(뜻)음 쓰기(4회)
〈汉字〉

● 훈(뜻)음 표를 보고 (예)더할가~섬도까지 쓴다. 훈(뜻)음 쓰기(1회)~(5회)까지 반복 학습한다.

加	可	价價	改	客
去	举擧	件	建	健
格	见見	决決	结結	景
敬敬	轻輕	竞競	固	考
告	曲	课課	过過	关關
观觀	广廣	桥橋	具	救
旧舊	局	贵貴	规規	给給
己	技	汽	基	期
吉	念	能	团團	坛壇
谈談	当當	德	到	岛島

5급 배정 漢字 350자 훈(뜻)음 쓰기(5회)
(汉字)

● 훈(뜻)음 표를 보고 (예)더할가~손객까지 쓴다. 훈(뜻)음 쓰기(1회)~(5회)까지 반복 학습한다.

加	可	价價	改	客
去	举擧	件	建	健
格	见見	决決	结結	景
敬敬	轻輕	竞競	固	考
告	曲	课課	过過	关關
观觀	广廣	桥橋	具	救
旧舊	局	贵貴	规規	给給
己	技	汽	基	期
吉	念	能	团團	坛壇
谈談	当當	德	到	岛島

오늘 배운 漢字의 훈음쓰기(1)
(汉字)

● 오늘 배운 한자의 훈음을 쓰시오.

加	可	价價	改	客
去	举擧	件	建	健
格	见見	决決	结結	景
敬敬	轻輕	竞競	固	考
告	曲	课課	过過	关關
观觀	广廣	桥橋	具	救
旧舊	局	贵貴	规規	给給
己	技	汽	基	期
吉	念	能	团團	坛壇
谈談	当當	德	到	岛島

오늘 배운 漢字의 훈음쓰기(2)
(汉字)

● 오늘 배운 한자의 훈음을 쓰시오.

加	可	价價	改	客
去	举擧	件	建	健
格	见見	决決	结結	景
敬敬	轻輕	竞競	固	考
告	曲	课課	过過	关關
观觀	广廣	桥橋	具	救
旧舊	局	贵貴	规規	给給
己	技	汽	基	期
吉	念	能	团團	坛壇
谈談	当當	德	到	岛島

5급 배정 한자 350자 漢字 쓰기(1)
(汉字)

※ 훈(뜻)음을 익힌 후 漢字를 쓴다.

加	可	价價	改	客
더할 가	옳을 가	값 가	고칠 개	손 객

5급 배정 한자 350자 漢字 쓰기(2)
(汉字)

※ 훈(뜻)음을 익힌 후 漢字를 쓴다.

去	举 擧	件	建	健
갈 거	들 거	물건 건	세울 건	굳셀 건

5급 배정 한자 350자 漢字 쓰기(3)
〔汉字〕

※ 훈(뜻)음을 익힌 후 漢字를 쓴다.

格	见 見	决 決	结 結	景
격식 격	볼 견/뵈올 현	결단할 결	맺을 결	볕 경

5급 배정 한자 350자 漢字 쓰기(4)
(汉字)

※ 훈(뜻)음을 익힌 후 漢字를 쓴다.

敬 敬	轻 輕	竞 競	固	考
공경 경	가벼울 경	다툴 경	굳을 고	생각할 고

5급 배정 한자 350자 漢字 쓰기(5)
(汉字)

※ 훈(뜻)음을 익힌 후 漢字를 쓴다.

告	曲	课課	过過	关關
고할 고	굽을 곡	과정 과	지날 과	관계할 관

5급 배정 한자 350자 漢字 쓰기(6)
(汉字)

※ 훈(뜻)음을 익힌 후 漢字를 쓴다.

观 觀	广 廣	桥 橋	具	救
볼 관	넓을 광	다리 교	갖출 구	구원할 구

5급 배정 한자 350자 漢字 쓰기(7)
(汉字)

※ 훈(뜻)음을 익힌 후 漢字를 쓴다.

旧 舊	局	贵 貴	规 規	给 給
예구	판국	귀할 귀	법 규	줄 급

※ 훈(뜻)음을 익힌 후 漢字를 쓴다.

己	技	汽	基	期
몸 기	재주 기	물끓는김 기	터 기	기약할 기

5급 배정 한자 350자 漢字 쓰기(9)
(汉字)

※ 훈(뜻)음을 익힌 후 漢字를 쓴다.

吉	念	能	团團	坛壇
길할 길	생각 념	능할 능	둥글 단	단 단

(汉字)

※ 훈(뜻)음을 익힌 후 漢字를 쓴다.

談	當	德	到	島
말씀 담	마땅 당	큰 덕	이를 도	섬 도

5급 배정 漢字 400자 훈(뜻)음 표
〔汉字〕

都 都 도읍 도	独 獨 홀로 독	落 落 떨어질 락	朗 朗 밝을 랑	冷 찰 랭
良 어질 량	量 헤아릴 량	旅 나그네 려	历 歷 지날 력	练 練 익힐 련
令 하여금 령	领 領 거느릴 령	劳 勞 일할 로	料 헤아릴 료	流 흐를 류
类 類 무리 류	陆 陸 뭍 륙	马 馬 말 마	末 끝 말	亡 망할 망
望 바랄 망	买 買 살 매	卖 賣 팔 매	无 無 없을 무	倍 곱 배
法 법 법	变 變 변할 변	兵 병사 병	福 福 복 복	奉 받들 봉
比 견줄 비	费 費 쓸 비	鼻 코 비	冰 氷 얼음 빙	士 선비 사
仕 섬길 사	史 사기 사	思 생각 사	查 査 조사할 사	写 寫 베낄 사
产 産 낳을 산	相 서로 상	商 장사 상	赏 賞 상줄 상	序 차례 서
仙 신선 선	船 배 선	善 착할 선	选 選 가릴 선	鲜 鮮 고울 선

5급 배정 漢字 400자 훈(뜻)음 쓰기(1회)
(汉字)

● 훈(뜻)음 표를 보고 (예)도읍도~찰랭까지 쓴다. 훈(뜻)음 쓰기(1회)~(5회)까지 반복 학습한다.

都 都	独 獨	落 落	朗 朗	冷
良	量	旅	历 歷	练 練
令	领 領	劳 勞	料	流
类 類	陆 陸	马 馬	末	亡
望	买 買	卖 賣	无 無	倍
法	变 變	兵	福 福	奉
比	费 費	鼻	冰 氷	士
仕	史	思	查 查	写 寫
产 産	相	商	赏 賞	序
仙	船	善	选 選	鲜 鮮

5급 배정 漢字 400자 훈(뜻)음 쓰기(2회)
(汉字)

● 훈(뜻)음 표를 보고 (예)도읍도~찰랭까지 쓴다. 훈(뜻)음 쓰기(1회)~(5회)까지 반복 학습한다.

都 都	独 獨	落 落	朗 朗	冷
良	量	旅	历 歷	练 練
令	领 領	劳 勞	料	流
类 類	陆 陸	马 馬	末	亡
望	买 買	卖 賣	无 無	倍
法	变 變	兵	福 福	奉
比	费 費	鼻	冰 氷	士
仕	史	思	查 查	写 寫
产 産	相	商	赏 賞	序
仙	船	善	选 選	鲜 鮮

5급 배정 漢字 400자 훈(뜻)음 쓰기(3회)
(汉字)

● 훈(뜻)음 표를 보고 (예)도읍도~찰랭까지 쓴다. 훈(뜻)음 쓰기(1회)~(5회)까지 반복 학습한다.

都 都	独 獨	落 落	朗 朗	冷
良	量	旅	历 歷	练 練
令	领 領	劳 勞	料	流
类 類	陆 陸	马 馬	末	亡
望	买 買	卖 賣	无 無	倍
法	变 變	兵	福 福	奉
比	费 費	鼻	冰 氷	士
仕	史	思	查 査	写 寫
产 産	相	商	赏 賞	序
仙	船	善	选 選	鲜 鮮

5급 배정 漢字 400자 훈(뜻)음 쓰기(4회)
(汉字)

● 훈(뜻)음 표를 보고 (예)도읍도~찰랭까지 쓴다. 훈(뜻)음 쓰기(1회)~(5회)까지 반복 학습한다.

都 都	独 獨	落 落	朗 朗	冷
良	量	旅	历 歷	练 練
令	领 領	劳 勞	料	流
类 類	陆 陸	马 馬	末	亡
望	买 買	卖 賣	无 無	倍
法	变 變	兵	福 福	奉
比	费 費	鼻	冰 氷	士
仕	史	思	查 查	写 寫
产 産	相	商	赏 賞	序
仙	船	善	选 選	鲜 鮮

5급 배정 漢字 400자 훈(뜻)음 쓰기(5회)
(汉字)

● 훈(뜻)음 표를 보고 (예)도읍도~찰랭까지 쓴다. 훈(뜻)음 쓰기(1회)~(5회)까지 반복 학습한다.

都 都	独 獨	落 落	朗 朗	冷
良	量	旅	历 歷	练 練
令	领 領	劳 勞	料	流
类 類	陆 陸	马 馬	末	亡
望	买 買	卖 賣	无 無	倍
法	变 變	兵	福 福	奉
比	费 費	鼻	冰 氷	士
仕	史	思	查 查	写 寫
产 産	相	商	赏 賞	序
仙	船	善	选 選	鲜 鮮

 ◆ 점검

오늘 배운 漢字의 훈음쓰기(1)
(汉字)

● 오늘 배운 한자의 훈음을 쓰시오.

都 都	独 獨	落 落	朗 朗	冷
良	量	旅	历 歷	练 練
令	领 領	劳 勞	料	流
类 類	陆 陸	马 馬	末	亡
望	买 買	卖 賣	无 無	倍
法	变 變	兵	福 福	奉
比	费 費	鼻	冰 氷	士
仕	史	思	查 查	写 寫
产 産	相	商	赏 賞	序
仙	船	善	选 選	鲜 鮮

오늘 배운 漢字의 훈음쓰기(2)
(汉字)

● 오늘 배운 한자의 훈음을 쓰시오.

都 都	独 獨	落 落	朗 朗	冷
良	量	旅	历 歷	练 練
令	领 領	劳 勞	料	流
类 類	陆 陸	马 馬	末	亡
望	买 買	卖 賣	无 無	倍
法	变 變	兵	福 福	奉
比	费 費	鼻	冰 氷	士
仕	史	思	查 查	写 寫
产 産	相	商	赏 賞	序
仙	船	善	选 選	鲜 鮮

5급 배정 한자 400자 漢字 쓰기(1)
(汉字)

※ 훈(뜻)음을 익힌 후 漢字를 쓴다.

都 都	独 獨	落 落	朗 朗	冷
도읍 도	홀로 독	떨어질 락	밝을 랑	찰 랭

5급 배정 한자 400자 漢字 쓰기(2)
(汉字)

※ 훈(뜻)음을 익힌 후 漢字를 쓴다.

良	量	旅	历 歷	练 練
어질 량	헤아릴 량	나그네 려	지날 력	익힐 련

5급 배정 한자 400자 漢字 쓰기(3)
(汉字)

※ 훈(뜻)음을 익힌 후 漢字를 쓴다.

令	領領	劳勞	料	流
하여금 령	거느릴 령	일할 로	헤아릴 료	흐를 류

5급 배정 한자 400자 漢字 쓰기(4)
(汉字)

※ 훈(뜻)음을 익힌 후 漢字를 쓴다.

类類	陆陸	马馬	末	亡
무리 류	뭍 륙	말 마	끝 말	망할 망

5급 배정 한자 400자 漢字 쓰기(5)
(汉字)

※ 훈(뜻)음을 익힌 후 漢字를 쓴다.

望	买買	卖賣	无無	倍
바랄 망	살 매	팔 매	없을 무	곱 배

5급 배정 한자 400자 漢字 쓰기(6)
(汉字)

※ 훈(뜻)음을 익힌 후 漢字를 쓴다.

法	変 變	兵	福 福	奉
법 법	변할 변	병사 병	복 복	받들 봉

5급 배정 한자 400자 漢字 쓰기(7)
(汉字)

※ 훈(뜻)음을 익힌 후 漢字를 쓴다.

比	费 費	鼻	冰 氷	士
견줄 비	쓸 비	코 비	얼음 빙	선비 사

5급 배정 한자 400자 漢字 쓰기(8)
(汉字)

※ 훈(뜻)음을 익힌 후 漢字를 쓴다.

仕	史	思	查查	写寫
섬길 사	사기 사	생각 사	조사할 사	베낄 사

5급 배정 한자 400자 漢字 쓰기(9)
(汉字)

※ 훈(뜻)음을 익힌 후 漢字를 쓴다.

产 産	相	商	赏 賞	序
낳을 산	서로 상	장사 상	상줄 상	차례 서

5급 배정 한자 400자 漢字 쓰기(10)
(汉字)

※ 훈(뜻)음을 익힌 후 漢字를 쓴다.

仙	船	善	选 選	鲜 鮮
신선 선	배 선	착할 선	가릴 선	고울 선

5급 배정 漢字 450자 훈(뜻)음 표
〔汉字〕

说說	性	洗	岁歲	束
말씀 설/달랠 세	성품 성	씻을 세	해 세	묶을 속
首	宿	顺順	示	识識
머리 수	잘 숙/별자리 수	순할 순	보일 시	알 식/기록할 지
臣	实實	儿兒	恶惡	案
신하 신	열매 실	아이 아	악할 악/미워할 오	책상 안
约約	养養	鱼魚	渔漁	亿億
맺을 약	기를 양	고기 어	고기잡을 어	억 억
热熱	叶葉	屋	完	要
더울 열	잎 엽	집 옥	완전할 완	요긴할 요
曜曜	浴	牛	友	雨
빛날 요	목욕할 욕	소 우	벗 우	비 우
云雲	雄	元	院	原
구름 운	수컷 웅	으뜸 원	집 원	언덕 원
愿願	位	伟偉	以	耳
원할 원	자리 위	클 위	써 이	귀 이
因	任	材	财財	再
인할 인	맡길 임	재목 재	재물 재	두 재
灾災	争爭	贮貯	赤	的
재앙 재	다툴 쟁	쌓을 저	붉을 적	과녁 적

5급 배정 漢字 450자 훈(뜻)음 쓰기(1회)
(汉字)

● 훈(뜻)음 표를 보고 (예)말씀설~묶을속까지 쓴다. 훈(뜻)음 쓰기(1회)~(5회)까지 반복 학습한다.

说說	性	洗	岁歲	束
首	宿	顺順	示	识識
臣	实實	儿兒	恶惡	案
约約	养養	鱼魚	渔漁	亿億
热熱	叶葉	屋	完	要
曜曜	浴	牛	友	雨
云雲	雄	元	院	原
愿願	位	伟偉	以	耳
因	任	材	财財	再
灾災	争爭	贮貯	赤	的

5급 배정 漢字 450자 훈(뜻)음 쓰기(2회)
(汉字)

● 훈(뜻)음 표를 보고 (예)말씀설~묶을속까지 쓴다. 훈(뜻)음 쓰기(1회)~(5회)까지 반복 학습한다.

说說	性	洗	岁歲	束
首	宿	顺順	示	识識
臣	实實	儿兒	恶惡	案
约約	养養	鱼魚	渔漁	亿億
热熱	叶葉	屋	完	要
曜曜	浴	牛	友	雨
云雲	雄	元	院	原
愿願	位	伟偉	以	耳
因	任	材	财財	再
灾災	争爭	贮貯	赤	的

5급 배정 漢字 450자 훈(뜻)음 쓰기(3회)
(汉字)

● 훈(뜻)음 표를 보고 (예)말씀설~묶을속까지 쓴다. 훈(뜻)음 쓰기(1회)~(5회)까지 반복 학습한다.

说說	性	洗	岁歲	束
首	宿	顺順	示	识識
臣	实實	儿兒	恶惡	案
约約	养養	鱼魚	渔漁	亿億
热熱	叶葉	屋	完	要
曜曜	浴	牛	友	雨
云雲	雄	元	院	原
愿願	位	伟偉	以	耳
因	任	材	财財	再
灾災	争爭	贮貯	赤	的

5급 배정 漢字 450자 훈(뜻)음 쓰기(4회)
(汉字)

● 훈(뜻)음 표를 보고 (예)말씀설~묶을속까지 쓴다. 훈(뜻)음 쓰기(1회)~(5회)까지 반복 학습한다.

说 說	性	洗	岁 歲	束
首	宿	顺 順	示	识 識
臣	实 實	儿 兒	恶 惡	案
约 約	养 養	鱼 魚	渔 漁	亿 億
热 熱	叶 葉	屋	完	要
曜 曜	浴	牛	友	雨
云 雲	雄	元	院	原
愿 願	位	伟 偉	以	耳
因	任	材	财 財	再
灾 災	争 爭	贮 貯	赤	的

5급 배정 漢字 450자 훈(뜻)음 쓰기(5회)
(汉字)

● 훈(뜻)음 표를 보고 (예)말씀설~묶을속까지 쓴다. 훈(뜻)음 쓰기(1회)~(5회)까지 반복 학습한다.

说說	性	洗	岁歲	束
首	宿	顺順	示	识識
臣	实實	儿兒	恶惡	案
约約	养養	鱼魚	渔漁	亿億
热熱	叶葉	屋	完	要
曜曜	浴	牛	友	雨
云雲	雄	元	院	原
愿願	位	伟偉	以	耳
因	任	材	财財	再
灾災	争爭	贮貯	赤	的

오늘 배운 漢字의 훈음쓰기(1)
(汉字)

● 오늘 배운 한자의 훈음을 쓰시오.

说說	性	洗	岁歲	束
首	宿	顺順	示	识識
臣	实實	儿兒	恶惡	案
约約	养養	鱼魚	渔漁	亿億
热熱	叶葉	屋	完	要
曜曜	浴	牛	友	雨
云雲	雄	元	院	原
愿願	位	伟偉	以	耳
因	任	材	财財	再
灾災	争爭	贮貯	赤	的

오늘 배운 漢字의 훈음쓰기(2)
(汉字)

● 오늘 배운 한자의 훈음을 쓰시오.

说說	性	洗	岁歲	束
首	宿	顺順	示	识識
臣	实實	儿兒	恶惡	案
约約	养養	鱼魚	渔漁	亿億
热熱	叶葉	屋	完	要
曜曜	浴	牛	友	雨
云雲	雄	元	院	原
愿願	位	伟偉	以	耳
因	任	材	财財	再
灾災	争爭	贮貯	赤	的

5급 배정 한자 450자 漢字 쓰기(1)
(汉字)

※ 훈(뜻)음을 익힌 후 漢字를 쓴다.

说 說	性	洗	岁 歲	束
말씀 설/달랠 세	성품 성	씻을 세	해 세	묶을 속

5급 배정 한자 450자 漢字 쓰기(2)
(汉字)

※ 훈(뜻)음을 익힌 후 漢字를 쓴다.

首	宿	顺 順	示	识 識
머리 수	잘 숙/별자리 수	순할 순	보일 시	알 식/기록할 지

5급 배정 한자 450자 漢字 쓰기(3)
(汉字)

※ 훈(뜻)음을 익힌 후 漢字를 쓴다.

臣	实 實	儿 兒	恶 惡	案
신하 신	열매 실	아이 아	악할 악/미워할 오	책상 안

5급 배정 한자 450자 漢字 쓰기(4)
(汉字)

※ 훈(뜻)음을 익힌 후 漢字를 쓴다.

约約	养養	鱼魚	渔漁	亿億
맺을 약	기를 양	고기 어	고기잡을 어	억 억

5급 배정 한자 450자 漢字 쓰기(5)
(汉字)

※ 훈(뜻)음을 익힌 후 漢字를 쓴다.

热 熱	叶 葉	屋	完	要
더울 열	잎 엽	집 옥	완전할 완	요긴할 요
热 熱	叶 葉	屋	完	要

※ 훈(뜻)음을 익힌 후 漢字를 쓴다.

曜 曜	浴	牛	友	雨
빛날 요	목욕할 욕	소 우	벗 우	비 우

※ 훈(뜻)음을 익힌 후 漢字를 쓴다.

云雲	雄	元	院	原
구름 운	수컷 웅	으뜸 원	집 원	언덕 원

5급 배정 한자 450자 漢字 쓰기(8)
(汉字)

※ 훈(뜻)음을 익힌 후 漢字를 쓴다.

愿願	位	伟偉	以	耳
원할 원	자리 위	클 위	써 이	귀 이

5급 배정 한자 450자 漢字 쓰기(9)
(汉字)

※ 훈(뜻)음을 익힌 후 漢字를 쓴다.

因	任	材	財 財	再
인할 인	맡길 임	재목 재	재물 재	두 재

5급 배정 한자 450자 漢字 쓰기(10)
(汉字)

※ 훈(뜻)음을 익힌 후 漢字를 쓴다.

災災	爭爭	貯貯	赤	的
재앙 재	다툴 쟁	쌓을 저	붉을 적	과녁 적

5급 배정 漢字 500자 훈(뜻)음 표
(汉字)

典	展	传 傳	切	节 節
법 전	펄 전	전할 전	끊을 절/온통 체	마디 절
店	停	情 情	调 調	操
가게 점	머무를 정	뜻 정	고를 조	잡을 조
卒	终 終	种 種	罪	州
마칠 졸	마칠 종	씨 종	허물 죄	고을 주
周 週	止	知	质 質	着
주일 주	그칠 지	알 지	바탕 질	붙을 착
参 參	唱	责 責	铁 鐵	初
참여할 참/석 삼	부를 창	꾸짖을 책	쇠 철	처음 초
最	祝 祝	充	致	则 則
가장 최	빌 축	채울 충	이를 치	법칙 칙/곧 즉
他	打	卓	炭	宅
다를 타	칠 타	높을 탁	숯 탄	집 택/집 댁
板	败 敗	品	必	笔 筆
널 판	패할 패	물건 품	반드시 필	붓 필
河	寒 寒	害	许 許	湖
물 하	찰 한	해할 해	허락 허	호수 호
化	患	效	凶	黑
될 화	근심 환	본받을 효	흉할 흉	검을 흑

5급 배정 漢字 450자 훈(뜻)음 쓰기(1회)
(汉字)

● 훈(뜻)음 표를 보고 (예)법전~마디절까지 쓴다. 훈(뜻)음 쓰기(1회)~(5회)까지 반복 학습한다.

典	展	传 傳	切	节 節
店	停	情 情	调 調	操
卒	终 終	种 種	罪	州
周 週	止	知	质 質	着
参 參	唱	责 責	铁 鐵	初
最	祝 祝	充	致	则 則
他	打	卓	炭	宅
板	败 敗	品	必	笔 筆
河	寒 寒	害	许 許	湖
化	患	效	凶	黑

5급 배정 漢字 450자 훈(뜻)음 쓰기(2회)
(汉字)

● 훈(뜻)음 표를 보고 (예)법전~마디절까지 쓴다. 훈(뜻)음 쓰기(1회)~(5회)까지 반복 학습한다.

典	展	传傳	切	节節
店	停	情情	调調	操
卒	终終	种種	罪	州
周週	止	知	质質	着
参參	唱	责責	铁鐵	初
最	祝祝	充	致	则則
他	打	卓	炭	宅
板	败敗	品	必	笔筆
河	寒寒	害	许許	湖
化	患	效	凶	黑

5급 배정 漢字 450자 훈(뜻)음 쓰기(3회)
〈汉字〉

● 훈(뜻)음 표를 보고 (예)법전~마디절까지 쓴다. 훈(뜻)음 쓰기(1회)~(5회)까지 반복 학습한다.

典	展	传傳	切	节節
店	停	情情	调調	操
卒	终終	种種	罪	州
周週	止	知	质質	着
参參	唱	责責	铁鐵	初
最	祝祝	充	致	则則
他	打	卓	炭	宅
板	败敗	品	必	笔筆
河	寒寒	害	许許	湖
化	患	效	凶	黑

5급 배정 漢字 450자 훈(뜻)음 쓰기(4회)
(汉字)

● 훈(뜻)음 표를 보고 (예)법전~마디절까지 쓴다. 훈(뜻)음 쓰기(1회)~(5회)까지 반복 학습한다.

典	展	传 傳	切	节 節
店	停	情 情	调 调	操
卒	终 終	种 種	罪	州
周 週	止	知	质 質	着
参 參	唱	责 責	铁 鐵	初
最	祝 祝	充	致	则 則
他	打	卓	炭	宅
板	败 敗	品	必	笔 筆
河	寒 寒	害	许 許	湖
化	患	效	凶	黑

5급 배정 漢字 450자 훈(뜻)음 쓰기(5회)
(汉字)

● 훈(뜻)음 표를 보고 (예)법전~마디절까지 쓴다. 훈(뜻)음 쓰기(1회)~(5회)까지 반복 학습한다.

典	展	传傳	切	节節
店	停	情情	调調	操
卒	终終	种種	罪	州
周週	止	知	质質	着
参參	唱	责責	铁鐵	初
最	祝祝	充	致	则則
他	打	卓	炭	宅
板	败敗	品	必	笔筆
河	寒寒	害	许許	湖
化	患	效	凶	黑

오늘 배운 漢字의 훈음쓰기(1)
(汉字)

● 오늘 배운 한자의 훈음을 쓰시오.

典	展	传傳	切	节節
店	停	情情	调调	操
卒	终終	种種	罪	州
周週	止	知	质質	着
参參	唱	责責	铁鐵	初
最	祝祝	充	致	则則
他	打	卓	炭	宅
板	败敗	品	必	笔筆
河	寒寒	害	许許	湖
化	患	效	凶	黑

오늘 배운 漢字의 훈음쓰기(2)
(汉字)

● 오늘 배운 한자의 훈음을 쓰시오.

典	展	传傳	切	节節
店	停	情情	调調	操
卒	终終	种種	罪	州
周週	止	知	质質	着
参參	唱	责責	铁鐵	初
最	祝祝	充	致	则則
他	打	卓	炭	宅
板	败敗	品	必	笔筆
河	寒寒	害	许許	湖
化	患	效	凶	黑

5급 배정 한자 500자 漢字 쓰기(1)
(汉字)

※ 훈(뜻)음을 익힌 후 漢字를 쓴다.

典	展	传傳	切	节節
법 전	펼 전	전할 전	끊을 절/온통 체	마디 절

5급 배정 한자 500자 漢字 쓰기(2)
(汉字)

※ 훈(뜻)음을 익힌 후 漢字를 쓴다.

店	停	情 情	调 調	操
가게 점	머무를 정	뜻 정	고를 조	잡을 조

5급 배정 한자 500자 漢字 쓰기(3)
(汉字)

※ 훈(뜻)음을 익힌 후 漢字를 쓴다.

卒	终 終	种 種	罪	州
마칠 졸	마칠 종	씨 종	허물 죄	고을 주

※ 훈(뜻)음을 익힌 후 漢字를 쓴다.

周 週	止	知	质 質	着
주일 주	그칠 지	알 지	바탕 질	붙을 착

5급 배정 한자 500자 漢字 쓰기(5)
(汉字)

※ 훈(뜻)음을 익힌 후 漢字를 쓴다.

參 參	唱	責 責	铁 鐵	初
참여할 참/석 삼	부를 창	꾸짖을 책	쇠 철	처음 초

※ 훈(뜻)음을 익힌 후 漢字를 쓴다.

最	祝祝	充	致	則則
가장 최	빌 축	채울 충	이를 치	법칙 칙/곧 즉

※ 훈(뜻)음을 익힌 후 漢字를 쓴다.

他	打	卓	炭	宅
다를 타	칠 타	높을 탁	숯 탄	집 택/집 댁

※ 훈(뜻)음을 익힌 후 漢字를 쓴다.

板	敗敗	品	必	笔筆
널 판	패할 패	물건 품	반드시 필	붓 필

(汉字)

※ 훈(뜻)음을 익힌 후 漢字를 쓴다.

河	寒 寒	害	許 許	湖
물 하	찰 한	해할 해	허락 허	호수 호

※ 훈(뜻)음을 익힌 후 漢字를 쓴다.

化	患	效	凶	黑
될 화	근심 환	본받을 효	흉할 흉	검을 흑

김영준 漢字 교실
(汉字)

훈(뜻)음 찾기

가
可 옳을　가
加 더할　가
家 집　가
歌 노래　가
價 값　가

각
各 각각　각
角 뿔　각

간
間 사이　간

감
感 느낄　감

강
江 강　강
強 강할　강

개
改 고칠　개
開 열　개

객
客 손　객

거
去 갈　거
擧 들　거

건
件 물건　건
建 세울　건
健 굳셀　건

격
格 격식　격

견
見 볼　견
　 뵈올　현

결
決 결단할　결
結 맺을　결

경
京 서울　경
景 볕　경
敬 공경　경
輕 가벼울　경
競 다툴　경

계
界 지경　계
計 셀　계

고
古 예　고
考 생각할　고
告 고할　고
固 굳을　고
苦 쓸　고
高 높을　고

곡
曲 굽을　곡

공
工 장인　공
公 공평할　공
功 공　공
共 한가지　공
空 빌　공

과
果 실과　과
科 과목　과
過 지날　과
　 허물　과
課 과정　과
　 공부할　과

관
關 관계할　관
觀 볼　관

광
光 빛　광
廣 넓을　광

교
交 사귈　교
校 학교　교
敎 가르칠　교
橋 다리　교

구
九 아홉　구
口 입　구
具 갖출　구
區 구분할　구
　 지경　구
球 공　구
救 구원할　구
舊 예　구

국
局 판　국
國 나라　국

군
軍 군사　군
郡 고을　군

귀
貴 귀할　귀

규
規 법　규

근
近 가까울　근
根 뿌리　근

금
今 이제　금
金 쇠　금
　 성　김

급
急 급할　급
級 등급　급
給 줄　급

기
己 몸기
技 재주　기
汽 물끓는김　기
氣 기운　기
記 기록할　기
基 터　기
期 기약할　기
旗 기　기

길
吉 길할　길

남
男 사내　남
南 남녘　남

남
內 안　내

녀
女 계집　녀

년
年 해　년

념
念 생각　념

농
農 농사　농

능
能 능할　능

다
多 많을　다

단
短 짧을　단
團 둥글　단
壇 단　단

담
談 말씀　담

답

答 대답　담

당

堂 집　　당
當 마땅　당

대

大 큰　　　대
代 대신　　대
待 기다릴　대
對 대할　　대

덕

德 큰　　　덕

도

到 이를　　도
度 법도　　도
　 헤아릴　탁
島 섬　　　도
道 길　　　도
都 도읍　　도
圖 그림　　도

독

獨 홀로　　독
讀 읽을　　독
　 구절　　두

동

冬 겨울　　동
同 한가지　동
東 동녘　　동
洞 골　　　동
　 밝을　　통
動 움직일　동

童 아이　동

두

頭 머리　두

등

登 오를　등
等 무리　등

ㄹ

락

落 떨어질　락
樂 즐길　　락
　 노래　　악

랑

朗 밝을　　랑

래

來 올　　　래

랭

冷 찰　　　랭

량

良 어질　　량
量 헤아릴　량

려

旅 나그네　려

력

力 힘　　　력
歷 지날　　력

련

練 익힐　련

령

令 하여금　령
領 거느릴　령

례

例 법식　례
禮 예도　례

로

老 늙을　로
勞 일할　로
路 길　　로

록

綠 푸를　록

료

料 헤아릴　료

류

流 흐를　류
類 무리　류

륙

六 여섯　륙
陸 뭍　　륙

리

里 마을　　리
理 다스릴　리
利 이할　　리
李 오얏　　리
　 성　　　리

림

林 수풀　림

립

立 설　립

ㅁ

마

馬 말　　마

만

萬 일만　만

말

末 끝　　말

망

亡 망할　망
望 바랄　망

매

每 매양　매
買 살　　매
賣 팔　　매

면

面 낯　　면

명

名 이름　명
命 목숨　명
明 밝을　명

모

母 어미　모

목

木 나무　목

目 눈　　목

무

無 없을　무

문

文 글월　문
門 문　　문
問 물을　문
聞 들을　문

물

物 물건　물

미

米 쌀　　　미
美 아름다울 미

민

民 백성　민

ㅂ

박

朴 성　　박

반

反 돌이킬　반
　 돌아올　반
半 반　　　반
班 나눌　　반

발

發 필　　발

방

方 모　　방

放 놓을 방

배

倍 곱 배

백

白 흰 백
百 일백 백

번

番 차례 번

법

法 법 법

변

變 변할 변

별

別 다를 별
　나눌 별

병

兵 병사 병
病 병 병

복

服 옷 복
福 복 복

본

本 근본 본

봉

奉 받들 봉

부

夫 지아비 부

父 아비 부
部 떼 부

북

北 북녘 북
　달아날 배

분

分 나눌 분

불

不 아닐 불
　아닐 부

비

比 견줄 비
費 쓸 비
鼻 코 비

빙

氷 얼음 빙

ㅅ

사

士 선비 사
四 넉 사
史 사기 사
仕 섬길 사
死 죽을 사
事 일 사
使 부릴 사
　하여금 사
社 모일 사
査 조사할 사
思 생각 사
寫 베낄 사

산

山 메 산
産 낳을 산
算 셈 산

삼

三 석 삼

상

上 윗 상
相 서로 상
商 장사 상
賞 상줄 상

색

色 빛 색

생

生 날 생

서

西 서녘 서
序 차례 서
書 글 서

석

夕 저녁 석
石 돌 석
席 자리 석

선

仙 신선 선
先 먼저 선
船 배 선
善 착할 선
選 가릴 선
線 줄 선

鮮 고울 선

설

雪 눈 설
說 말씀 설
　달랠 세

성

成 이룰 성
性 성품 성
姓 성 성
省 살필 성
　덜 생

세

世 인간 세
洗 씻을 세
歲 해 세

소

小 작을 소
少 적을 소
所 바 소
消 사라질 소

속

束 묶을 속
速 빠를 속

손

孫 손자 손

수

水 물 수
手 손 수
首 머리 수
數 셈 수
樹 나무 수

숙

宿 잘 숙
　별자리 수

순

順 순할 순

술

術 재주 술

습

習 익힐 습

승

勝 이길 승

시

市 저자 시
示 보일 시
始 비로소 시
時 때 시

식

式 법 식
食 밥 식
　먹을 식
植 심을 식
識 알 식
　기록할 지

신

臣 신하 신
身 몸 신
信 믿을 신
神 귀신 신
新 새 신

실

失 잃을 실
室 집 실
實 열매 실

심

心 마음 심

십

十 열 십

ㅇ

아

兒 아이 아

악

惡 악할 악
　 미워할 오

안

安 편안 안
案 책상 안

애

愛 사랑 애

야

夜 밤 야
野 들 야

약

約 맺을 약
弱 약할 약
藥 약 약

양

洋 큰바다 양
陽 볕 양
養 기를 양

어

魚 고기 어
　 물고기 어
漁 고기잡을 어
語 말씀 어

억

億 억 억

언

言 말씀 언

업

業 업 업

연

然 그럴 연

열

熱 더울 열

엽

葉 잎 엽

영

永 길 영
英 꽃부리 영

오

午 낮 오
五 다섯 오

옥

屋 집 옥

온

溫 따뜻할 온

완

完 완전할 완

왕

王 임금 왕

외

外 바깥 외

요

要 요긴할 요
曜 빛날 요

욕

浴 목욕할 욕

용

用 쓸 용
勇 날랠 용

우

友 벗 우
牛 소 우
右 오를 우
　 오른(쪽)우
雨 비 우

운

雲 구름 운
運 옮길 운

웅

雄 수컷 웅

원

元 으뜸 원
原 언덕 원
院 집 원
園 동산 원
遠 멀 원
願 원할 원

월

月 달 월

위

位 자리 위
偉 클 위

유

由 말미암을 유
有 있을 유
油 기름 유

육

育 기를 육

은

銀 은 은

음

音 소리 음
飮 마실 음

읍

邑 고을 읍

의

衣 옷 의
意 뜻 의
醫 의원 의

이

二 두 이
以 써 이
耳 귀 이

인

人 사람 인
因 인할 인

일

一 한 일
日 날 일

임

任 맡길 임

입

入 들 입

ㅈ

자

子 아들 자
字 글자 자
自 스스로 자
者 놈 자

작

作 지을 작
昨 어제 작

장

長 긴 장

章 글 장	**정**	임금 주	석 삼	**축**
場 마당 장	正 바를 정	州 고을 주	**창**	祝 빌 축
재	定 정할 정	住 살 주	窓 창 창	**춘**
才 재주 재	庭 뜰 정	注 부을 주	唱 부를 창	春 봄 춘
在 있을 재	停 머무를 정	晝 낮 주	**책**	**출**
再 두 재	情 뜻 정	週 주일 주	責 꾸짖을 책	出 날 출
災 재앙 재	**제**	**중**	**천**	**충**
材 재목 재	弟 아우 제	中 가운데 중	千 일천 천	充 채울 충
財 재물 재	第 차례 제	重 무거울 중	川 내 천	**치**
쟁	題 제목 제	**지**	天 하늘 천	致 이를 치
爭 다툴 쟁	**조**	止 그칠 지	**철**	**칙**
저	祖 할아비 조	地 따 지	鐵 쇠 철	則 법칙 칙
貯 쌓을 저	朝 아침 조	知 알 지	**청**	곧 즉
적	調 고를 조	紙 종이 지	靑 푸를 청	**친**
赤 붉을 적	操 잡을 조	**직**	淸 맑을 청	親 친할 친
的 과녁 적	**족**	直 곧을 직	**체**	**칠**
전	足 발 족	**질**	體 몸 체	七 일곱 칠
全 온전 전	族 겨레 족	質 바탕 질	**초**	
典 법 전	**졸**	**집**	初 처음 초	
前 앞 전	卒 마칠 졸	集 모을 집	草 풀 초	
展 펼 전	**종**		**촌**	
電 번개 전	終 마칠 종	**ㅊ**	寸 마디 촌	**ㅌ**
傳 전할 전	種 씨 종	**차**	村 마을 촌	**타**
戰 싸움 전	**좌**	車 수레 차	**최**	他 다를 타
절	左 왼 좌	수레 거	最 가장 최	打 칠 타
切 끊을 절	**죄**	**착**	**추**	**탁**
온통 체	罪 허물 죄	着 붙을 착	秋 가을 추	卓 높을 탁
節 마디 절	**주**	**참**		**탄**
점	主 주인 주	參 참여할 참		炭 숯 탄
店 가게 점				

태

太 클　태

택

宅 집　택

토

土 흙　토

통

通 통할　통

특

特 특별할　특

ㅍ

판

板 널　판

팔

八 여덟　팔

패

敗 패할　패

편

便 편할　편
　　똥오줌　변

평

平 평평할　평

표

表 겉　표

품

品 물건　품

풍

風 바람　풍

필

必 반드시　필
筆 붓　필

ㅎ

하

下 아래　하
河 물　하
夏 여름　하

학

學 배울　학

한

寒 찰　한
漢 한수　한
　　한나라　한
韓 나라　한
　　한국　한

합

合 합할　합

해

海 바다　해
害 해할　해

행

行 다닐　행

　　항렬　항
幸 다행　행

향

向 향할　향

허

許 허락할　허

현

現 나타날　현

형

兄 형　형
形 모양　형

호

號 이름　호
湖 호수　호

화

火 불　화
化 될　화
花 꽃　화
和 화할　화
畫 그림　화
　　그을　획
話 말씀　화

환

患 근심　환

활

活 살　활

황

黃 누를　황

회

會 모일　회

효

孝 효도　효
效 본받을　효

후

後 뒤　후

훈

訓 가르칠　훈

휴

休 쉴　휴

흉

凶 흉할　흉

흑

黑 검을　흑